Ya basta de cuadrantes

Lo que los *gurús* financieros ~~olvidaron~~ no quisieron decirte

---

Uinic T. Cervantes

Índice.

Agradecimientos.

Mi mayor agradecimiento siempre es y será con esa fuerza invisible que me da vigor cuando estoy caído, valentía cuando me siento derrotado y luz cuando me siento perdido. Donde quiera que estés y de donde quiera que emanes, GRACIAS.

A mi esposa, que hemos librado y vencido juntos incontables batallas.

A mis hijas, por enseñarme esa vocación tan increíble de ser padre.

A mis padres, por enseñarme el agua y el aceite de la vida.

A mi hermano por ser desde siempre mi mejor amigo.

A mis socios y mentores del pasado del presente y del futuro porque sin ustedes no tendría forma de estirarme para seguir evolucionando.

Y en especial a mi amigo Osvaldo, que me guio a la luz cuando nací y cuando volví a nacer.

Prólogo.

Aún recuerdo cuando Uinic y yo nos conocimos. Yo lideraba una de las comunidades de negocios más activas de Latinoamérica y el lideraba sesiones de simuladores financieros en la zona del bajío mexicano. Lo invité a un entrenamiento de inteligencia financiera, y aceptó. Y desde el primer minuto tuve por claro que el potencial, la decisión, el liderazgo que emanaba podían llevarlo muy lejos.

Mi experiencia me ha llevado a ser más pragmático que teórico. Honro y respeto aquellos que hablan de teorías, pero escucho y sigo a aquellos que hablan de lo que ya hicieron, en la práctica, con errores, con caídas y logros.

Uinic ya ha quebrado. Y ha resuelto ese problema. Ha desarrollado negocios y ha aprendido a llevarlos muy alto. Ha conocido el hambre y ha sabido vencerla. Ha sido un alumno rebelde y ha aprendido el valor de la humildad y la *enseñabilidad*.

Si me preguntan, afirmaré mil veces que el mejor maestro primero fue un excelente alumno. Es difícil que una persona que sea un mal alumno pueda convertirse en un buen maestro y, más difícil aún, que forme mejores alumnos. Se puede dar, pero es difícil.

Uinic ha pisado terrenos oscuros y ha tenido la tenacidad de ver el amanecer. Lo que te comparte, lo comparte desde la experiencia misma y eso no hay manera de *valuarlo*.

Estimado lector, sugiero que tú también seas un buen aprendiz, humilde y enseñable, ya que los principios del éxito, la abundancia y la riqueza (no sólo material, sino integral) son los mismos desde hace miles de años, y no son secretos, están a la vista de todos, el problema es que, muchas veces, o son demasiado obvios, o se contraponen a nuestras emociones.

Termino con una frase de mi mentor, Mr. Holton Buggs, uno de los más grandes formadores de millonarios de este siglo XXI: *"Lidera tu vida con base en principios, no con base en emociones"*.

El libro *Ya Basta De Cuadrantes*, comparte principios universales que al igual que una joya preciosa, en las manos equivocadas, será paja sin valor, en las manos adecuadas, podrá ser un verdadero tesoro para tu vida y los que te rodean.

Afectuosamente

Pedro Osvaldo Ramírez
Presidente Fundador
Escuela de Negocios Tu Primer Millón
Autor del *Best Seller* del mismo nombre.

Introducción.

- Los 5 consejos más importantes sobre finanzas personales

Quiero comenzar este libro dándote los cinco consejos más importantes para tus finanzas personales y que desarrollaré a lo largo del mismo:

1. *Deja de anotar todos tus gastos*. Como mencionaré en otros capítulos, al hacer esto, estás jugando a "no perder". Ahora tienes que enfocarte simplemente en ganar. Esta técnica recomiendo que la uses un par de meses, únicamente para hacerte el hábito de no derrochar.

2. *Crea múltiples fuentes de ingreso*. Crea un activo mensualmente que te genere al menos un ingreso residual. Al final del año, por lo menos tendrás 12 activos. Si a la mitad del proceso lo aceleras, puedes llegar a crear ingresos residuales una vez a la semana, lo cual aumentará tus activos a final de año.

3. *Busca educación financiera especializada*. Busca educación orientada tanto a acción como a resultados.

4. *Genera altos ingresos en corto tiempo*. Asegúrate que la educación que encuentres en el punto anterior te lleve a generar altos ingresos en corto tiempo, sino no te servirá. Tienes que multiplicar lo que ya tienes.}

5. *Rodéate de personas más inteligentes que tú* En tus relaciones sociales enfócate principalmente en tener las siguientes dos figuras: un mentor, *coach* o guía que te vaya ayudando en un camino que es total o parcialmente desconocido para ti, pero que él ya recorrió y un grupo de apoyo que ya se

encuentre en el camino. Estas personas se encargarán de impulsarte a alcanzar tus objetivos.

- Sobre mí

Ahora sí, antes que nada quiero presentarme, mi nombre es Uinic T. Cervantes y te quiero contar un poco sobre mi vida personal. Al momento en el que escribo estas líneas tengo 32 años de edad, 3 hijas pequeñas y llevo 7 años de casado. Vivo en la ciudad de Querétaro y participo en varios negocios e inversiones en distintos sectores, desde negocios tradicionales de ventas al por menor y servicios de entretenimiento, hasta negocios basados 100% en internet, educación y bienes raíces.

Escribí en coautoría el libro *Se Él Héroe De Tus Finanzas* que fue *best seller* en *Amazon.com* y fue algo increíble vivir esa experiencia, es por eso que te traigo este primer libro de la serie *Ya Basta De Cuadrantes* que tengo pensada para ti.

En 2012 tuve la oportunidad de ser uno de los principales organizadores del evento Marco Financiero en la ciudad de Querétaro que albergó a cerca de 3,000 personas en un reconocido auditorio de la ciudad donde tuvimos expertos hablando de finanzas personales y negocios y esa fue otra experiencia que me impulsó a continuar en el ámbito de la educación. Actualmente estoy creando el portal más grande de finanzas personales de habla hispana www.EscuelaDeFinanzas.com.mx y vivo apasionado por la vida, los negocios, la educación y mi familia.

Mi historia en los negocios y emprendimientos comienza hace 10 años. En ese tiempo, yo estaba recibiendo mi título universitario, enviando currículos y decidiendo en qué empresa me quedaría (como la mayoría de las personas).

Mi vida, hasta terminar mis estudios, fue bastante "normal" (¿qué es normal?). No tenía más aspiraciones que tener buenos amigos, una relación amorosa y una vida estable, en términos generales. Nunca pensé más allá de mis posibilidades hasta que salí de mi zona de confort.

Cuando comencé a trabajar en una empresa ejerciendo mi carrera, me di cuenta que ése no era mi camino. De pronto, me encontré atrapado en un círculo vicioso donde solamente vivía para trabajar y trabajaba para vivir. Cada quincena que me pagaban ya la debía, no lograba ahorrar y mucho menos pensaba en invertir. Por si fuera poco, me dieron mi primera tarjeta de crédito ¡sin un manual para administrarla! (creo que eso solo me pasó a mí ¿verdad?).

Al mismo tiempo, comencé un pequeño negocio de venta de artículos coleccionables por internet con un par de socios. Esto lo hacía en mi horario de comida y tiempos muertos en la oficina. Mucho tiempo después me di cuenta que esa fue la clave para abrir los ojos. En el momento que recibí mi primer ingreso por concepto de negocios, toda mi visión cambió.

Comencé a buscar activamente educación e información sobre negocios y finanzas personales. Leí el libro *"Piense y hágase rico"* de Napoleón Hill y *"Padre rico, Padre pobre"* de Robert T. Kiyosaki (que probablemente tú también los hayas leído). Después de leer ambos libros y asimilar lo que me decían, tomé una de las decisiones más trascendentales de mi vida: renuncié. No solamente de mi trabajo, sino que renuncié a ser empleado.

Esto me llevó a mi primera quiebra.

En ese tiempo me resultó muy difícil mantener una vida de soltero independiente, con cero de ingreso fijo, pero me ayudó a fortalecer mi carácter para lo que venía. A pesar de eso, (casi) nunca le recomiendo a nadie renunciar sin tener un "plan B".

Al poco tiempo de eso me casé y comenzó otra nueva aventura, pasé de ser un soltero con cero ingresos, a un hombre casado con cero ingresos y gastos dobles. Dicen que donde come uno, comen dos. Es verdad, pero también cuesta el doble.

Para variar un poco, mi esposa se llevó su negocio de donde vivíamos a la nueva ciudad donde viviríamos y... adivinaste, la quebramos. Pasamos de tener un negocio que nos pagaba un desahogado estilo de vida, vivir en una casa grande y en buena zona, a nuevamente contar con cero ingresos y vivir en un cuarto de 3 x 3 metros cuadrados, en un barrio popular (y un tanto peligroso). Para sobrevivir teníamos que vender cualquier cosa en los mercados ambulantes (o tianguis aquí en México), además de galletas y *pays* (que preparaba mi esposa) de puerta en puerta.

No te voy a mentir: fueron momentos muy difíciles. En ese momento, lo único que pensaba es que debía existir una salida, así que me dediqué a estudiar como loco y a capacitarme sobre negocios y finanzas para entender cómo salir de esa situación. Comencé a invertir todos nuestros ingresos en negocios y capacitación, pensando que era lo correcto, pero un cúmulo de malas decisiones llevó a endeudarme por más de un millón de pesos (aproximadamente 70,000 USD).

Aquí fue cuando viví mi segunda quiebra.

Pasé cerca de 5 años viviendo ese *terror financiero* y en lo que "la trampa de la libertad financiera": estudiando, emprendiendo, quebrando (por ignorancia); nuevamente estudiando, emprendiendo y quebrando. Pocos negocios me salieron bien en ese tiempo, hasta que, por fin, comprendí en dónde estaba el error.

Ahora me parece obvio, pero estando ahí no me daba cuenta. Estaba haciendo las cosas correctas pero no con la mentalidad ni las emociones correctas. Me la pasaba culpándome y flagelándome por la quiebra o quiebras que había sufrido y eso no me dejaba avanzar. Cuando, por fin, me di cuenta de eso y le quité el poder a esa situación, es cuando mi realidad dio un giro.

Después de cambiar la mentalidad, hubo tres cosas que fueron determinantes para salir de ese agujero financiero que expondré más adelante pero aquí te las menciono:

1. Educación Financiera orientada a la acción y a los resultados
2. Apoyo de un mentor con los resultados que yo quiero alcanzar
3. Grupo de apoyo con objetivos similares a los míos

Estos tres factores fueron la clave para lograr controlar el problema financiero en que me había metido, gracias a las deudas y a las quiebras vividas (y sobre todo a los miedos de volver a caer).

Ahora que ha pasado todo eso, no me queda duda que debía ser así. El paso del tiempo y estas experiencias despertaron en mí la vocación de la educación, es por eso que estás leyendo estas líneas, porque si tomas en cuenta algunos de los consejos o de la guía que encontrarás aquí, que por cierto te comparto de todo corazón, entonces todo habrá valido la pena.

Al final de cuentas venimos a este mundo terrenal a experimentar distintas emociones. Yo he vivido muchas de ellas y, por lo menos aquí, te dejaré algunas que podrán orientarte sobre cómo mejorar en tus finanzas personales.

- ¿Para quién es este libro?

Si eres una persona que ya ha leído *la teoría de los cuadrantes* de cualquier maestro de las finanzas, probablemente ya conozcas todo de memoria, pero todo eso se queda únicamente en la teoría. Es por eso que este libro va dirigido a todo aquel que ya leyó y entendió todo lo que se explica en los libros pero que, a pesar de todo, sigue sin obtener resultados.

Este libro va dirigido para ti, que eres empleado, para ti que eres auto empleado, para ti que eres emprendedor y no has podido tener esos ingresos residuales que buscas, los ahorros que tanto anhelas, no has logrado hacerte el hábito de pagarte a ti primero, aún no sabes cómo, cuándo y en dónde invertir, no has explotado del todo el negocio y/o red de mercadeo que empezaste hace tiempo.

Este libro es para ti, empleado que recibes un sueldo por nómina y te hacen deducciones y no sabes cómo minimizarlas sin perder los beneficios; es para ti, auto empleado que no sabes cómo tener un aguinaldo a fin de año, que no tienes un fondo para el retiro, que no cuentas con prestaciones y que no sabes cómo crear nada de eso; es para ti, ama de casa que estás empezando a emprender, ya sea con ventas por catálogo o tu pequeño negocio y no entiendes de qué manera administrar el dinero que está entrando, cuánto es para ti y cuánto para el negocio; es para ti, estudiante que estás empezando a ganar dinero con tus prácticas profesionales, con tu beca o con un trabajo de medio tiempo y no sabes cómo administrarlo para no caer en la trampa de volverte esclavo del dinero; es para ti, que estás buscando respuestas financieras y soluciones a problemas que ni siquiera sabías que existían.

No quiero que, al decir *"Ya basta de cuadrantes"*, se crea que estoy en contra de todos aquellos *gurús* financieros del pasado. Reconozco que estoy muy agradecido con ellos ya que, gracias a sus enseñanzas, inicié mi camino tanto en la educación financiera como en los negocios.

Lo que te quiero dar a entender con este libro es que ya es momento de dejar de ver a todos los *gurús* financieros como inalcanzables. Este libro está escrito por una persona que empezó como tú, leyendo libros, tomando cursos, emprendiendo negocios sin saber cómo, y en el camino, ha encontrado algunos principios que le ayudaron y te ayudarán a ti a mejorar tus finanzas y alcanzar esa tranquilidad y felicidad financiera que tanto has estado buscando.

- ¿Por qué este libro?

El objetivo de este libro es que comiences a tener resultados tangibles desde hoy mismo, resultados tales como tener dinero, multiplicarlo, ahorrar... este libro desafía los planes financieros a largo plazo y te da respuestas a corto plazo para tu libertad y felicidad financiera.

Con este libro busco que dejes a un lado la teoría, quiero proporcionarte herramientas prácticas para realizar presupuestos, reducir gastos, incrementar tus ingresos así como la manera correcta de crear un activo y cómo hacer para que ese activo te de al menos mil dólares mensuales.

De este libro también obtendrás las mejores recomendaciones para ahorrar, proteger y multiplicar tu dinero. También aprenderás lo que tienes que hacer para multiplicar tus riquezas espirituales además de materiales.

Quiero que dejes de seguir comprando las ideas de los *gurús*, quienes manejan planes financieros a largo plazo, planes que normalmente visualizas como inalcanzables. No es malo lo que ellos te dicen. Sin embargo, ellos aconsejan desde su situación actual, ellos ya se encuentran viviendo en abundancia, por lo cual se olvidan de decirte qué hacer en la situación actual que estás viviendo en estos momentos, se olvidan de decirte qué hacer con las deudas, cómo levantar tu negocio desde cero o desde pérdidas o de cómo y dónde ahorrar.

Si algo de lo que viste en esta introducción conectó contigo, me va a dar mucho gusto continuar acompañándote en la lectura para que por fin desveles esos secretos que los *gurús* no te han querido decir.

- Contexto vs Contenido.

Contenido. Cosas que no representan cuánto aprendiste o cuánto creciste, sino que simplemente representan información, y como todos sabemos, la información sin saber aplicarla, no nos sirve de nada.

Contexto. La persona en quien te estás convirtiendo, es el tamaño de tu mentalidad, de tu visión, de tus sueños.

Te contaré un poco sobre lo que me sucedió. Desde el principio, cuando inicié estudiando todo esto, me creí muy capaz, pensaba que yo podía con todo y que era el mejor de todos. Al principio me funcionó bastante bien y empecé a crecer, confiaba mucho en mí y en mis habilidades, pero hubo un punto en el que mi crecimiento material topó con mi crecimiento espiritual, por lo que ya no pude tener más ingresos ni relaciones sociales, y lo que tenía poco a poco comenzó a caer, y todo por exceso de ego y soberbia.

Si de pronto te descubres a ti mismo ante algo nuevo diciendo "eso ya lo sé", te estás dejando llevar por el ego y la soberbia. Quizás hay cosas que verdaderamente ya sepas pero puedes aprender un poco más y sacarle provecho a aquello que ya sabías, pero que tal vez no conocías completamente.

De todo corazón te aconsejo que aprendas humildemente, que te acerques humildemente a personas que ya han aplicado ese conocimiento que tal vez tú aún no sabes cómo. Si algo nuevo encuentras en estas líneas, ten la humildad de aplicarlo y la responsabilidad de compartirlo y abrirás la puerta de la abundancia.

Capítulo 1: Ya tengo toda la teoría, ¿qué sigue?

Lo más probable es que a estas alturas ya hayas leído a algunos de los grandes *gurús* financieros, como Robert Kiyosaki, Donald Trump, T. Harv Eker, entre otros, que efectivamente te hablan bonito y logran motivarte a comprar el siguiente libro o curso y de alguna manera te convencen de que es una gran manera de aprender. Sin embargo, nada de esto te asegura que vayas a tener los resultados que deseas o que estás buscando.

Con base en mi experiencia, hice precisamente eso: enfrascarme en la lectura, buscar cursos y asistir a éstos. Invertí miles de dólares en mi educación y así me mantuve durante aproximadamente 8 o 9 años. Fue de esta manera en la que me di cuenta que vivía en una fantasía, en algo que en esos momentos creía que era algo real pero que, sin lugar a dudas, no lo es. No obstante, muchas personas siguen creyendo que, en lugar de vivir en un mundo totalmente de fantasía, están experimentando algo real y certero, sobre todo las personas que están enfocadas en su educación, así como tú que en estos momentos te encuentras leyendo este libro.

Las personas que nos dedicamos a leer sobre determinado tema con el objetivo de aprender, solemos caer en una trampa, algo que yo llamo *"la trampa de la educación financiera",* la cual consiste en leer, asistir a cursos, conocer a personas con tus mismos intereses y gracias a este conjunto de cosas y/o actividades, decides emprender un negocio o invertir en algo, pero cuando menos lo esperas te das cuenta que te encuentras estancado y sin saber cómo avanzar. Es entonces que crees que es una buena opción seguir leyendo, y las personas de quienes te rodeas te recomiendan un libro tras otro (yo mismo hice esto durante mucho tiempo), así como también te invitan a cursos y eventos, en donde, al finalizar te encuentras bastante motivado, pero desafortunadamente ninguno de estos *gurús* se enfoca realmente en que puedas obtener resultados.

Después de este tiempo, puedo asegurarte que el verdadero camino y la mejor solución a seguir, no la encontrarás en un libro o en un simulador, que pueden llegar a ser muy buenos pero que, a final de cuentas, no te generan resultados. Solo estás jugando a "no perder" y acumulando información, no conocimiento ni sabiduría de ningún tipo. Por eso el título del libro que tienes en tus manos: *"Ya basta de cuadrantes".*

Es momento de dejar atrás el agujero financiero en el que estás metido y salir al mundo real y actuar enfocado en los resultados. Es decir, moverte para obtener lo que deseas, porque el resultado es y siempre será tu punto de partida. No importa que no sea lo que esperabas, ya que te servirá como un parámetro de medición para proyectos posteriores, además de que, como en todo, es mejor tener un mal resultado a no tener nada. Al menos, ya te arriesgaste a empezar.

Si tu resultado fue negativo y, por lo tanto, tuviste pérdidas, identifica tus errores y deja de hacerlo para tu siguiente movimiento. Si, por el contrario, hubo ganancias, date cuenta qué fue lo que funcionó y repite el proceso tal cual lo hiciste la primera vez. Continúa así hasta que tengas un sistema.

En conclusión, si ya tienes toda la teoría, el siguiente paso es aplicar toda esa información que has almacenado durante tanto tiempo para que la conviertas en conocimiento y posteriormente (cuando la compartas) en sabiduría.

Lo que sigue es buscar educación orientada a la acción y emprender acción orientada a resultados.

- Ya he hecho de todo. ¿Por qué no funciona?

Por experiencia propia, puedo asegurar que no simplemente se trata de llegar y hacer algo, sino que primero hay que vivir y aprender diferentes cosas para, posteriormente, irte convirtiendo en una persona de resultados.

No basta con soñar. Hay que despertar para poder hacer realidad esos sueños. Colecciona pequeños sueños y comienza a trabajar para hacerlos realidad. No olvides que dichos sueños deben de ser cortos y alcanzables. Empieza por el sueño más pequeño y poco a poco irás escalonando. Cuando menos te lo esperes, ya estarás realizando tu más preciado sueño.

SER-HACER-TENER

Quiero retomar este viejo paradigma y principio universal que se ha venido tratando en cientos de libros y por cientos de personas.

Para poder tener 1 millón de dólares en tu cuenta bancaria, tienes que hacer lo que hace una persona que ya tiene en su poder dicha cantidad de dinero.

Y para poder hacer lo que hace un millonario, precisamente necesitas SER una persona millonaria.

Esta teoría nos explica que la raíz de todos los resultados empieza en el ser, es decir, dentro de ti.

¿Cómo está compuesto el ser?

Nosotros somos seres de cuatro dimensiones, cada una de ellas se trabaja de diferente manera:

-Espiritual. Es tu nivel de conciencia. Aquello que te mantiene conectado a la fuente creadora. Es algo muy sencillo de entender porque solo se debe sentir, no pensar, por ello en ocasiones se vuelve complicado.

Básicamente, se trata de regresar al mundo un poco de lo que tienes. Esto se logra teniendo conciencia de que eres parte íntegra de un todo: un todo llamado humanidad, universo, Dios. Si tienes claros estos puntos, te vuelves una persona agradecida y amorosa y eso es la parte más determinante del ser.

-Emocional. En mi experiencia, aprendí a desarrollar este ámbito metiéndome en problemas cuya solución únicamente dependía de mí. Este tipo de problemas te ponen en un modo de perturbación donde debes aprender a tomar decisiones eficaces rápidas y bajo presión buscando siempre el bien mayor. Es altamente indispensable que aprendas a pensar y sentir de la manera correcta y saber cuándo confiar en una y cuando en otra así como cuando debes combinarlas.

-*Mental*. Esta dimensión se trabaja leyendo, estudiando, conociendo, aprendiendo, desarrollando tu intelecto, retando a tu mente a conocer cosas nuevas. Teniendo nuevas experiencias que te dejen un aprendizaje y que asimiles ese aprendizaje.

De igual manera, es de vital importancia conocer tanto las partes de tu cerebro, como las de tu consciente e inconsciente, así como también tu subconsciente y tus hemisferios, para saber si te riges por tu lado emocional o por el racional y explotar tus fortalezas minimizando también tus debilidades.

-*Físico o material*. Este es simplemente un resultado del estado de las otras tres dimensiones. Es decir, si los tres puntos anteriores se encuentran en armonía y vibrando en abundancia, tu mundo físico y material será reflejo de todo aquello.

Lo importante de conocer estas cuatro dimensiones es buscar una evolución día con día, tal como lo menciona la filosofía *Kaizen* de los japoneses:

"1% mejor cada día, te hace 365% mejor en un año."

Por tanto, al ser consciente de que estás desarrollando estas cuatro áreas, llega un punto en donde llegas a SER la persona que obtiene los resultados deseados.

Después de una breve explicación de la teoría del ser, hacer, tener, te cuento que yo desafío este paradigma, ya que desde mi punto de vista, no debes quedarte mucho tiempo trabajando el ser, sino comenzar a hacer desde el principio.

HACER-TENER-SER

Yo tardé casi 10 años en darme cuenta que si iniciaba por el ser para después hacer, cada día se aplazarían más mis planes y se postergarían los resultados que buscaba. Es por eso que los planes financieros se manejan a largo plazo (de 10 a 20 años). Un claro ejemplo de esto que te comento son los empleados que tienen que esperar 30 años para poder jubilarse de una empresa y, de alguna manera, ser libres. El problema de todo esto es que no te ocupas en el hoy, sino que siempre estás pensado a futuro.

La mayoría de las personas creen que cuando tengan dinero podrán hacer lo que hace un millonario y, por tanto, ser reconocidos como tal.

En este nuevo paradigma, te recomiendo empezar no por el ser ni por el tener, sino por el hacer. No importa si en un principio no sabes todo. Comienza por imitar las actitudes y comportamiento de un millonario, sin preguntarte si funcionará o no. Simplemente hazlo, ya que si empiezas por hacerlo entonces obtendrás un resultado –hacer/tener-. Por ende, si este resultado se parece, al menos un poco, al de ese millonario que estás imitando, entonces es posible que en algún momento te conviertas en lo mismo que esa persona. Así cumplimos con este paradigma: *hacer*, para después *tener* y finalmente *ser*.

Tomemos en cuenta pues que, el ser se forma haciendo.

La fórmula secreta para tener resultados sobresalientes

En la introducción te hablé de esta fórmula. Es la que me ayudó a salir del terror financiero donde estuve metido durante mucho tiempo.

Estos son los 3 elementos de esta fórmula:

1. *Educación orientada a la acción y a los resultados*. Este tipo de educación va contra la corriente tradicional de estudiar solo teoría. Debes encontrar el tipo de educación que te "obligue" a tener resultados no sólo la que te da información ni mucho menos aquella con la que te sientes cómodo.

2. *Guía, mentoría, coaching especializado*. Estas son figuras que te orienten hacia dónde quieres llegar. Es necesaria una persona que te guíe en el camino, que te ayude a seguir adelante y evitar la mayor cantidad de errores posibles. Afortunadamente encontré personas que se mueven a la velocidad de la luz para generar resultados, personas que, con su ejemplo, me guían y me impulsan a ser mejor y enfocarme en generar también esos mismos y mejores resultados. Aquí haré una distinción entre Asesor, Coach y Mentor para que no tengas confusiones.

   o *Asesor*. Tiene los conocimientos pertinentes y te ayudará en lo que sea que quieras lograr. Sin embargo, no se va a comprometer a que obtengas los resultados que tienes en mente, ya que es una persona que probablemente conozca mucho sobre diversos temas, aunque no necesariamente sepa llevarlos a la práctica. Un claro ejemplo es la historia del encantador de dragones, en la cual el personaje principal es un maestro que sabe todo acerca de los dragones, pero en el momento en el que uno de sus alumnos le pregunta: "¿cuántos dragones has enfrentado?", él responde que ninguno, que ni siquiera los ha visto en su vida. En conclusión, un asesor es una persona que conoce sobre determinado tema pero que, quizá, nunca ha llevado dicho conocimiento a la práctica. Al asesor tú lo eliges y tú mismo evalúas si te lleva por el camino correcto.

- *Coach.* Es una persona que pudo haber tenido o no resultados, pero se asegurará de que tú los tengas. Por ejemplo, el director técnico de un equipo de futbol que, quizá, nunca ha sido campeón del mundo pero da todo para que los jugadores que tiene a su cargo puedan lograrlo. El *coach* que eliges probablemente te diga cosas que no te gustarán pero que te ayudarán a crecer, a mejorar y, lo más importante de todo, te llevará al resultado que estás buscando.

- *Mentor.* Es una figura que te guiará con el ejemplo. Él ya hizo lo que tú quieres lograr. El mentor, a diferencia de las dos figuras anteriores, no lo eliges, sino que él te escoge a ti. Él decide si eres digno o digna de estar cerca de su persona. Al mentor no tienes que pagarle. Sin embargo, tienes que invertir en lo que te indique (viajes, conferencias, comidas, etcétera). Si sigues sus indicaciones al pie de la letra, seguirá apoyándote, pero si no se encuentra contento con la manera en la que te vas desarrollando, dejará de darte el apoyo.

3. *Grupo de apoyo.* Este elemento es igual de importante que los otros dos. "Si quieres avanzar rápido, ve solo; si quieres llegar más lejos, necesitas un equipo" Necesitas un grupo que esté buscando lo mismo que tú, que lea, vaya a conferencias y tenga el mismo interés pero, sobre todo, que tenga hambre de crecer. Cuando encuentres este grupo, no lo dejes.

Finalmente, si ya hiciste de todo, te recomiendo que repases los tres elementos que mencionamos (educación financiera, figuras que te orienten y un grupo de apoyo). Sal de tu zona de confort y arriésgate a hacer cosas nuevas y diferentes, conviértete en una persona de acción y resultados apoyándote de esta fórmula del éxito.

○ La importancia de tener un mentor.

Quiero contarte una historia personal para entender un poco la importancia de un mentor. Cuando empecé mi camino en el mundo de los negocios, estaba solo y no tenía idea de cuál era la manera correcta para comenzar a trabajar, por lo que hice lo que pude con lo que tenía.

Levanté un negocio para que me pudiera dar lo suficiente para que, tanto mi esposa como yo, comiéramos. Sin embargo, llegó el punto en el que ya no supe qué más hacer y el negocio fue decayendo hasta que quebró.

En este punto de mi vida, uno de los más difíciles y en el cual me encontraba bastante desesperado, llegó una persona, un *coach* que me dijo: *"Uinic: yo sé que quieres ser millonario y creo que te puedo ayudar. Si trabajamos juntos, yo seré un dolor de cabeza para ti y tu serás un dolor de cabeza para mí, pero trabajando juntos, lograrás tu objetivo de ser millonario."*

Indudablemente acepté el reto y definitivamente sí fui un dolor de cabeza para él y él para mí. Sin embargo, con su apoyo, comencé un negocio de multinivel, en el cual, en 18 meses, logré facturar arriba de un millón de pesos, pero... ¿adivinas lo que pasó? Exacto... mi exceso de ego y soberbia me hizo volver a caer y quebré nuevamente, quizá no tan bajo como la primera vez pero sí comencé a endeudarme de nueva cuenta.

En esta segunda quiebra, tuve la fortuna de que, nuevamente, llegara un mentor hacia mí, ya que mi soberbia también me había alejado de mi antiguo mentor.

Mi nuevo mentor tenía nuevas técnicas y nuevos modelos de negocios que, inmediatamente, comencé a aplicar... ¡y funcionaron! Las ventas cada vez eran más altas, las deudas estaban bajando, los gastos corrientes estaban bajo control.

Al día de hoy tengo varios mentores: uno que es experto en bienes raíces y negocios y otro que me está enseñando a ganar dinero a través de internet y la tecnología y otro que me ayudó a entender mi misión de vida y a capitalizarla. Afortunadamente, hoy en día, tengo mis finanzas en orden y puedo decir que en gran medida fue gracias a mis mentores.

Por último, te quiero comentar algo importante: **tener un buen mentor te va a costar dinero**. También te va a costar desafiar viejas creencias, tanto mentales como emocionales, pero todo valdrá la pena, porque tu libertad financiera, tu tranquilidad y tu felicidad lo valen todo.

"Estoy totalmente de acuerdo en que es realmente importante tener un mentor. Al llegar contigo, me di cuenta que las cosas no son de un día para otro. Hoy en día, ya he resuelto el 50% de mis deudas y de mis actividades para generar dinero. He empezado a aprender a ahorrar."

- Mauricio Bravo

- Y si estoy endeudado ¿cómo empiezo?

Esta es una pregunta muy típica y que la mayoría de los *gurús* no sabe o no le interesa contestar. La teoría te dice cómo empezar desde cero, pero esos *gurús* dan por hecho que ya tienes una buena administración sobre tu dinero, que tus gastos son controlados y que no tienes o tienes pocas y controladas deudas, es por eso que lo primero que te dicen es que comiences a invertir o a ahorrar tu dinero, además de dar caridad. Dependiendo del autor, te dirán que abras 1, 2, 3, 5, 7 o 10 cuentas bancarias. Quizá ya lo hiciste. Tal vez hasta tienes tus tres botes con su respectiva etiqueta: *"ahorro"*, *"inversión"*, *"caridad"*, a los que, todos los días, depositas al menos una moneda. Muy probablemente también sigas la filosofía de anotar todos tus gastos para después sacar un balance mensual y recortar los gastos innecesarios.

Todas estas filosofías que te menciono yo las seguí durante aproximadamente 4 o 5 años y me di cuenta que, por más positivo, disciplinado y organizado que era (o intentara ser), seguía sin avanzar, además que por querer pagarme primero a mí mismo, no completaba mis gastos. Y tampoco tenía la configuración mental necesaria o siquiera los conocimientos básicos para poder sacar nuevos ingresos.

Los libros siempre te dicen que salgas de tu zona de confort (y precisamente eso hacía, invertía todo mi dinero para meterme en problemas y aprender cosas nuevas), después te dice que de los ingresos que recibas, primero que nada separes una parte para pagarte a ti y que vivas con el dinero que te queda. Todo eso lo comencé a hacer, el problema vino cuando no alcanzaba a cubrir mis gastos, lo cual me orillaba a endeudarme, por la simple y sencilla razón de que no sabía qué más hacer. Los *gurús*, a través de sus libros, no me daban respuestas concretas. Por tanto, si en tus hábitos no está el de crear nuevos ingresos, sin lugar a dudas vas a terminar endeudado, que a final de cuentas es lo que nos enseñan a hacer, ya que lo vemos en la radio, en la televisión y en muchos otros lugares. Todo el sistema de comunicación está orientado a volverte un consumista aunque tengas que endeudarte.

Lógicamente que si quieres seguir la filosofía tal cual se explica en los libros o en los cursos impartidos, no te funcionará al primer intento, ya que aún no conoces la manera de generar ingresos nuevos. Tienes la mentalidad y el propósito pero no conoces el camino que tienes que seguir.

Después de mucho tiempo de seguir este tipo de filosofías me di cuenta de que el mundo de las finanzas realmente no funciona así, al menos no para los latinos, que no somos disciplinados como los europeos u otras naciones.

El tipo de cultura en el que vivimos, entre otras cosas, me llevó a adquirir una deuda millonaria.

PLAN PARA SALIR DE DEUDAS

Entonces, si tú estás en una situación similar a la mía, tal vez debas más o tal vez menos, te voy a dar el sistema sencillo de tres pasos que yo utilicé para tomar control de la situación.

1. *Hacer Conciencia.* Lo primero que tienes que hacer al decidir salir de tus deudas es saber dos cosas: **cuánto debes** y **a quién le debes.** Debes saber esto con precisión. Es mejor identificar el muro que tienes que derribar sino te resultará más difícil. Yo hice esto en una hoja de cálculo en la computadora y me ayudo a tener control.

   Ya que había concentrado todo esto en una gran masa, me tomó alrededor de dos días de estar llorando, deprimido y lleno de miedo, por lo que te sugiero que, al hacer esto, te acerques a alguien de confianza (de preferencia que no sea tu pareja, ya que terminará frustrándose igual o más que tú) para que te apoye en este punto de reconocimiento de la deuda. En mi caso, me acerqué a mi papá, quien es un gran ejemplo tanto de fortaleza como de madurez emocional, además de contar con toda mi confianza.

2. *Enfrenta el muro.* Aquí quiero invitarte a que no te cierres a las posibilidades que existen en el mundo de las finanzas personales. La única forma de salir

de una deuda NO ES PAGANDOLA CON DINERO. Cabe mencionar que algunas de mis deudas disminuyeron por el solo hecho de saber negociar.

Te sugiero que empieces por acercarte a las personas o instituciones a quienes le debes y, con completo control de ti mismo y la situación, les hagas una oferta.

Tienes derecho a dar opciones de las maneras en las que puedes pagar tu deuda. Por ejemplo, si tienes un negocio, puede ser con tu mercancía o bien con tus servicios. También puede ser algún otro intercambio de valor como contactos o apoyo en otras áreas. El punto importante aquí es saber plantear las cosas. Te recomiendo que esto de negociar lo hagas con todas las deudas posibles, ya que es una actividad en la que ambas partes pueden salir ganando y así dejas puertas abiertas para la posteridad.

3. *Desapego.* Ya que lo tienes claro, el paso dos consiste en desapegarte. Esto lo logras reconociendo simplemente que tienes deuda. No importa la cantidad ni cómo llegaste hasta ahí. Lo importante ahora es que te des cuenta que tú tienes el poder, no la deuda, porque, de lo contrario, te sentirás mediocre, fracasado, impotente, frustrado, entre otras cosas, ya que crees que le debes la vida a alguien.

Viví con miedo de saber cuánto debía durante mucho tiempo, hasta que decidí enfrentarlo, anotando cuánto, a quién y por qué lo debía y también comencé a llevar un control de cuánto había pagado.

4. *Acción renovada*. A pesar de lo mal que me sentía conmigo mismo, tuve que levantarme. Tenía que seguir adelante con mi vida y, más que frustrarme, comenzar a buscar una solución al gran monstruo, que eran mis deudas. Si no me convertía en el héroe de mis finanzas, nadie más lo haría por mí.

Una vez que tienes control sobre tus deudas y no es al revés, el siguiente paso es emprender nuevas acciones con nueva educación y nuevos planes. Comencé con los tres puntos que hemos mencionado anteriormente. La educación financiera ya la había comenzado, pero no estaba orientada a resultados, así que empecé a buscar mentores para aprender de ellos, de quienes seguí todas las indicaciones que me dieron. Tenía la certeza de que estaba invirtiendo en algo que de verdad funcionaría. Además de la educación financiera y mis mentores, también tuve mi grupo de apoyo, y las tres cosas en conjunto fueron lo que me ayudó a salir adelante.

En resumen, quítale el poder a la deuda. Asume tu responsabilidad y acciona de manera diferente a la que te llevó a ese estado.

- ¿Por qué no sirve anotar todos mis gastos?

Pasé alrededor de tres años anotando todos mis gastos, para darme cuenta cuáles eran innecesarios, pero tiempo después me di cuenta que esa filosofía no me servía, ya que estaba jugando a "no perder".

Imagina que estás jugando futbol, pero lo único que haces es enfocarte en defender tu portería. Quizás, el equipo contrario no anote ni una sola vez, pero estamos de acuerdo en que un campeonato no lo ganarás a base de empates a cero ¿cierto? A final de cuentas, alguien tiene que meter gol.

Al anotar todos mis gastos, estaba jugando a "no perder". Únicamente cuidaba lo poco que entraba a mi bolsillo y procuraba que no saliera. Para lo único que me sirvió esta filosofía fue para no volverme un derrochador, pero hasta ahí.

Así que decidí invertir el orden, me enfoqué en ir a la ofensiva y comenzar a meter goles, y fue cuando empecé a crear más activos y fuentes de ingreso.

Hoy en día, no te puedo asegurar cuántas fuentes de ingreso tengo. No son 200 pero tampoco son 2, como lo fue hace años, en donde mi única fuente de ingresos era yo mismo y mi carrera.

Lo importante de todo esto es arriesgarse a meter goles, aunque sea uno a uno. Llegará determinado momento en el que puedas meter mil.

Después de decidirme a jugar para ganar, seguí avanzando con el muro, que eran mis deudas, seguía junto a mí, pero ya no le temía.

Invariablemente, a lo largo del camino me topé con personas que no dudaban en recordarme que tenía deudas. Algunos de ellos me ayudaron y otros decidieron darme la espalda. A pesar de todo y de todos, seguí avanzando con la idea de derrumbar aquel enorme muro, y así fue como poco a poco comencé a liquidar una a una mis deudas.

Al momento que escribo este libro, te soy sincero, no tengo todas mis deudas saldadas pero ya están en control. Me tomará menos de un año liquidarlas porque ya aprendí cómo hacerlo, porque nuevamente tengo aliados, porque he vuelto a confiar en mí.

Si estás endeudado, date cuenta de la magnitud del problema, negocia para reducirla, quítale el poder y continúa avanzando con enfoque total en ganar.

La respuesta la pregunta ¿cómo empiezo si estoy endeudado? es ¡empieza!

Capítulo 2: ¿Por qué no me sobra dinero?

Regularmente, cuando empiezas tu vida financiera, es decir, cuando comienzas a ganar dinero por alguna actividad, trabajo u oficio, realmente no estás empezando desde cero. Iniciaste mucho tiempo atrás al recibir dinero de tus padres, si bien no físicamente, pero sí en los alimentos, vestido, hogar, etcétera. Lo más probable es que tus padres tampoco hayan sabido cómo ahorrar, invertir y/o multiplicar el dinero con el que contaban, razón por la cual no te inculcaron dichos hábitos y lo primero que hacías al recibir tu dinero, era gastarlo.

Desde el primer momento en el que comienzas a tener dinero en tus manos, ya sea físicamente o por medio de bienes, tal como lo mencionábamos en el párrafo anterior, comienzas tu vida financiera, y empiezas a crear los patrones mentales de querer saber qué hacer al recibir dinero.

Si recibiste únicamente bienes por parte de tus padres, te acostumbraste a no tener dinero. Si por el contrario, recibías efectivo pero no tenías ninguna responsabilidad que cubrir y además no contabas con el hábito del ahorro, entonces seguramente gastabas todo el dinero que se te otorgaba.

En mi caso, recibía mi dinero los días lunes. Supongamos que el monto era de $1,000. A lo largo de la semana intentaba no gastar de más. Únicamente lo usaba para transportes, material de la escuela y alguna que otra comida, gastando un total aproximado de $400. Sin embargo, al llegar el fin de semana, me encontraba con las fiestas o una salida con mi pareja y mis $600 restantes se esfumaban o me quedaba realmente muy poco; $50, por decir una cifra, ya que, en lo particular, no me gustaba quedarme en ceros y prefería iniciar una nueva semana con, al menos, "un colchoncito".

Seguramente te pasó algo parecido a lo mío, por la simple y sencilla razón de no tener una cultura de ahorro.

Entonces, ¿por qué no te sobra dinero? La respuesta es que nadie te enseñó cómo hacerle para que te sobrara, ya que durante toda tu vida has visto que el dinero, así como viene, también se va.

De entrada, lo que tienes que hacer es ser consciente de que, verdaderamente el dinero se va. También hay que reconocer que el hecho de que no te sobre dinero no es totalmente tu culpa, sino de las personas que te mostraron su camino financiero, tal como lo dice Bill Gates:

"Naciste pobre y eso no fue tu culpa, pero si te mueres pobre sí será tu culpa."

No es tu culpa que hoy en día no te sobre el dinero, pero a partir de hoy ya eres consciente que te debe de sobrar y, precisamente, en este libro aprenderás qué hacer para poder tener ese excedente y también para multiplicarlo.

- ¿Cómo administrar tu dinero?

Lo que yo hago y, sin duda, te recomiendo hacer es manejar siete cuentas que manejamos en los entrenamientos del Instituto Del Éxito Financiero, donde damos entrenamientos de negocios con bienes raíces.

Ojo: si no manejas tu dinero en banco y la mayoría está en efectivo, lo que harás es separarlo en diferentes sobres de papel o *botecitos* o cajas de cartón, lo que sea pero asegúrate de que estén separados.

LAS 7 CUENTAS DE LA FELICIDAD FINANCIERA

1. *Gastos corrientes.* Es en donde recibes tus ingresos y con lo que pagas tus gastos habituales de vida.

2. *Libertad financiera.* Esta cuenta te servirá para generar nuevos ingresos. El dinero que entra, no se toca. El objetivo es que este dinero únicamente se multiplique.

   En un futuro, tus gastos se pagarán de esta cuenta.

   Tienes 3 formas de capitalizar esta cuenta para iniciar a operar:

   1. Si ya tienes ahorros y quieres que éstos crezcan, muévelos a esta cuenta.

   2. Haz un presupuesto donde identifiques cuales gastos son lujos y cuales son necesidades. Lo que te ahorres respecto a los lujos, va para la cuenta de libertad financiera.

   3. Finalmente, a esta cuenta irán todos los nuevos ingresos, los cuales pueden ser por medio de los 4 activos más importantes que te aconsejo comenzar:

      1. Negocios sistematizados

      2. Bolsa de valores,

      3. Bienes Raíces

      4. Negocios por internet.

Al final de cada año, transacción, negocio cerrado, o como lo quieras manejar, dividirás el retorno de tu inversión en dos partes:

1. La primera parte la vas a gastar en alguna de las cuatro cuentas restantes, o bien, en tu gasto corriente, tú decides.
2. La segunda la meterás en la cuenta tres (la cuenta millonaria).

3. *Cuenta millonaria*. Esta cuenta no la tocarás hasta que tengas al menos 1 millón de dólares, es única y exclusivamente para que te vuelvas millonario. Es tu red de protección y por tanto debe estar protegida al menos contra la inflación, no necesariamente es para invertir (aunque después te puede servir para ser tu propio banco y ganar dinero con los intereses que pagues por los *autopréstamos*).

4. *Capital intelectual o educación*. Tú decides el porcentaje que le asignarás a esta cuenta. Solo recuerda que tu educación tiene que estar enfocada tanto a acciones como a resultados. Toma en cuenta que si escatimas invertir en este rubro es porque no consideras que seas una buena inversión así que cuidado con el mensaje inconsciente que te estás mandando.

5. *Caridad*. Igual que en la cuenta anterior, tú decides cuánto le destinarás. Esto es bastante simple: *"Lo que das, lo recibes multiplicado"*. Así que no tengas miedo y ayuda, no solamente con dinero, sino también con acciones.

6. *Placer*. Con el dinero que se encuentre en esta cuenta puedes ir hacer pequeños viajes, salir a cenar, tomar una copa con tus amigos, ir al cine… en fin. Tú decidirás la manera en la que lo gastas.

7. *Año sabático o felicidad financiera.* Todos soñamos con tener un año sabático, ¿cierto? Poco a poco, irás destinando determinada cantidad a esta cuenta, para que en algún momento de tu vida puedas tomar tu año sabático. La regla para esta cuenta es que cada que juntes lo de 2 días de tus gastos habituales te los gastes en un solo día.

- ¿Cómo hago para que me sobre dinero?

En primer lugar, ya te diste cuenta de que todo está en tus creencias. Tienes que empezar a desafiar tu realidad, la realidad que otros te han hecho creer.

En cuanto a la práctica, lo primero que tienes que hacer es saber qué pasa con tus finanzas. Para esto, harás una tabla con cuatro columnas

- o **Cuánto ingresas.**
- o **Cuánto tienes.**
- o **Cuánto debes.**
- o **Cuánto gastas.**

   Para esta columna te recomiendo usar números redondos para que el proceso resulte más fácil. Lo que harás en esta columna es escribir el total de tus gastos.

Hay tres caminos para hacer que te sobre dinero:

1.- Presupuestos con excedente. Comienza por comparar entre tus gastos Lujo VS Necesidad.

Lujo. Es todo aquello de lo que podrías prescindir y aun así puedes sobrevivir.

Necesidad. Lo que es indispensable para vivir el día a día.

A la izquierda de cada concepto de tu columna de gastos, coloca "L" si es un lujo, o "N" si es necesidad.

*Los pagos que son fijos los considerarás como necesidad pero si no te afecta aplazar el pago, colócalo como lujo.

Al final de tu columna de gastos, resta todo lo que implican los lujos, que se convertirán en tu nuevo excedente y este será tu nuevo excedente que destinarás a tu cuenta de libertad financiera.

2.- Deudas. Otra de las opciones para tener dinero disponible y de esta manera iniciar tu plan de libertad financiera, se encuentra en recortar deudas, elabora un plan para recortar algunas de ellas.

Cuando termines de liquidar tus deudas, el dinero que estaba destinado a éstas, se irá íntegro a tu plan de libertad financiera.

Para poder llevar esto a cabo tienes dos opciones: la primera de ellas es pagar menos en más tiempo. Es decir, si mes con mes tienes que pagar $1,000, haz las negociaciones correspondientes para que puedas pagar $500. Los $500 restantes, irán dirigidos a tu cuenta de libertad financiera.

La segunda opción es seguir pagando lo mismo, incluso un poco más. De esta manera, terminarás de pagar tu deuda antes de lo planeado y, por ende, el dinero restante se irá a tu plan de libertad financiera.

3.- Agregar/incrementar ingresos. En este punto tienes dos alternativas: la primera es crear activos (negocios, emprendimientos, inversiones o cualquier cosa que te produzca dinero) adicionales a lo que ya estás haciendo. Crea un activo al mes que te deje un dinero adicional del que ya estás acostumbrado a recibir.

La segunda opción es incrementar tus ingresos actuales, esto lo lograrás aprendiendo las técnicas de ventas de alto valor. Es decir, vender a altos costos y entregar alto valor. Enfócate en entregar más de lo que tu cliente busca.

Todos estos ingresos nuevos, tanto los que los activos que estás creando como el incremento adicional, va dirigido 100% a tu plan de libertad financiera.

Estas son las tres maneras para lograr tener un poco de excedente en tu bolsillo.

- Me sobra un poco de dinero. ¿Qué hago con él?

Si eres de las personas que se encuentra en el punto de poder contar con un poco de excedente de dinero, estás totalmente listo para empezar con tu proyecto de libertad así que adelante.

Primero hay que entender algo: una cosa es que te sobre dinero y otra muy diferente es que te pagues a ti primero. Si nosotros hablamos de que nos sobra un poco de dinero, es decir, tenemos un excedente, lo pasamos hasta el final. Con esto quiero decir que, por ejemplo, gano 10 mil, gasto 9 mil, me sobran mil. Esta es la manera en la que pensamos normalmente, pero estamos equivocados. Las cosas son totalmente al revés. Primero tienes que pagarte a ti mismo, por lo cual las cosas serán de la siguiente manera: gano 10 mil, me pago 3 mil, me sobran 7 mil, con esos 7 mil restantes es con lo que vas a vivir. Si no te alcanza con la cifra designada, busca bajar gastos, pagar deudas o como te he venido mencionando a lo largo del libro, busca crear un nuevo ingreso.

Tú tienes la libertad de utilizar cualquier esquema que te funcione y el que mejor aplique a tus necesidades. Robert Kiyosaki te dice que debes destinar 10% a inversión, 10% a caridad y 10% a ahorro; T. Harv Eker le baja un 5% a caridad y dice que, además, debes destinar un 10% a diversión y otro 10% para educación (total para pagarte a ti primero 45%).

Como te mencionaba algunas líneas atrás, puedes utilizar el esquema que desees. El que yo te sugiero, es que utilices mínimo el 30% para pagarte a ti mismo. Entonces, no te va a sobrar, es más bien lo que tienes destinado para ti.

Para saber qué hacer con lo que te *sobra*, vamos a ver la definición de la palabra riqueza, que es lo que estamos buscando.

Riqueza: No solo es cuánto ganas sino cuánto retienes, qué tan duro trabaja para ti y por cuántas generaciones sobrevivirá aquel dinero.

Partiendo de este principio, lo primero que harás será destinar una cantidad para ahorro. Mínimo el 10%.

Segundo punto: vas a invertir ese dinero, buscar alguna actividad para que ese dinero se multiplique.

Finalmente, nuestro tercer punto: ya que el dinero está trabajando para ti, tienes que asegurarte que tu dinero siga en este planeta por generaciones, aunque tú ya no estés. Para esto, tienes que proteger tu dinero. Quizá llegue el momento en el que tus ingresos crezcan tanto que ya no vas a poder controlarlos tú mismo. Es en ese momento en el que acudes a sistemas más sofisticados de protección, como estrategias fiscales, entidades corporativas, crear más empresas, asociaciones, fundaciones, etcétera.

Principalmente esto es lo que tienes que hacer cuando tienes un poco de dinero.

En capítulos posteriores, vamos a entender un poco más el principio de pagarte a ti primero y veremos específicamente dónde, cómo y cuánto vas a empezar a meter a cada uno de estos rubros de ahorro, de inversión y de protección.

- ¿Cómo, cuánto y dónde ahorro?

Hay muchas opciones con las que puedes iniciar y esto depende mucho del nivel en el que te encuentres. Si apenas estás empezando en este camino hacia tu libertad financiera, lo que te sugiero es que empieces por crear el hábito, sin importar la cantidad que ahorres, lo que importa es que lo hagas.

Algo que hago y recomiendo mucho es lo siguiente: al recibir tu ingreso, separa una cantidad fija. De cada 100% que entre a tu cuenta, separa al menos 10%.

Si estás acostumbrado a gastar el 100% de tus ingresos, tienes que obligarte a reducir gastos o bien, a crear un nuevo ingreso, pero sigue apartando ese 10% para tu ahorro. Si verdaderamente se te complica mucho, empieza con un 3% o 5%, pero empieza.

Otro método que se puede utilizar es el del ahorro diario, destina una alcancía, una caja fuerte, un bote, o lo que desees para esta actividad. Lo que harás es depositar una moneda diario, ya sea de dos, cinco o diez pesos, o bien, dólares. De esta manera, te creas el hábito de ahorro.

Al final del año ya decidirás qué hacer con tu dinero ahorrado, puedes invertirlo, gastarlo, si lo usas para vacaciones, lo divides… en fin. Tú lo decides.

Recuerda que no importa la cantidad que ahorres, sino el hábito que te estás creando.

Capítulo 3: Cómo alcanzo mi libertad financiera

¿Qué es Libertad financiera? Tener libertad de tiempo sin sacrificar tu nivel de vida, o sea, tener el ingreso para vivir como te gusta y además tener el tiempo libre para disfrutarlo.

Partiendo de esta definición podemos entonces decir que la libertad financiera se divide en dos partes.

Comencemos por la segunda.

o Cuando no haces prácticamente nada pero los ingresos siguen llegando y cubren la totalidad de tus gastos de vida (esta es la definición "del librito"). Esto puedes lograrlo patentando algún invento, escribiendo un libro, creando *infoproductos* o negocios por internet, teniendo aplicaciones móviles, comprando maquinas *vending* o de videojuegos entre una infinidad más de proyectos que puedes llevar a cabo.

Y entonces la primera fase sería:

o Enfocarte en los primeros días del mes en generar el total que has establecido como tu cifra de tu libertad financiera (el total de tus actuales incluyendo lujos). El resto del tiempo te queda para disfrutar con tu familia, viajar, conocer, pensar en nuevos proyectos, hacer más dinero, ayudar en obras de caridad, etcétera.

Dice Bob Proctor, autor del concepto del secreto, *"No ganas mensualmente lo que ganas en todo un año, simplemente porque no has aprendido cómo."*

Si alguna de las dos fases de la libertad financiera que te mencioné anteriormente (o las dos) la consideras difícil de lograr, simplemente es porque no has aprendido como. Ponte a trabajar activamente en aprender estas dos habilidades y más pronto que tarde llegarás a tu objetivo.

NOTA: La habilidad de generar altos ingresos en corto tiempo la enseño en mis cursos ya que es imposible enseñarla en un libro porque es 99.9% práctica y 0.1% teórica. Si quieres aprenderla visita www.UinicCervantes.com o www.EscuelaDeFinanzas.com.mx para matricularte al siguiente curso.

EL ENEMIGO PÚBLICO #1 DE TU LIBERTAD FINANCIERA

Si sigues viendo esas dos fases todavía como algo lejanas a ti, probablemente también te has sorprendido escuchándote decir frases como "está muy caro", "no me alcanza", "o soy rico u honrado", etcétera. Estás siendo víctima del enemigo público #1 de tu libertad financiera.

Tus palabras tienen un poder creativo que, si usas palabras limitantes, crearan carencia en tu vida y lo contrario pasa con palabras *empoderantes* y de abundancia.

Cada que tengas oportunidad o que te encuentres al frente de una transacción económica que involucre dinero físicamente, observa cuál es el pensamiento que te domina. Si sientes miedo, apego, tristeza o por el contrario, emoción, orgullo y satisfacción. Encuentra tus emociones dominantes y sabrás quien tiene el control de tu vida, tú o el dinero.

Si al final de este análisis te das cuenta que la balanza se inclina hacia el lado del miedo, quiere decir que estás siendo víctima del asesino número uno de tu libertad financiera. Nunca más te permitas decir: "no puedo pagarlo", "no tengo dinero", "es costoso" y ese tipo de frases, ya que además de decirlo, consciente o inconscientemente lo llevas a la práctica por ejemplo comprando películas piratas o viéndolas en internet, sin tomarte la molestia de ir al cine, pagar una suscripción a *Netflix* o yendo a algún sitio establecido a rentarla. Con actitudes como ésta, estás reafirmando la creencia de que nunca más vas a poder tener dinero. Antes de martirizarte pensando que no puedes comprar lo que deseas, piensa qué puedes hacer para poder obtenerlo.

Si en tu subconsciente nunca se crea esa conexión neuronal entre tú y tus sueños, jamás se harán realidad.

> *"Una tía me decía que comprara un carro pequeño y económico porque la gente es muy envidiosa. Tienes razón. Creo que los padres se quedan con ideas de generaciones anteriores y por eso lo siguen proporcionando a los demás. Gracias a ti rompí con ideas arraigadas que tenía. Ahora sé que se pueden hacer cosas muy diferentes, que se puede ganar dinero de diferentes maneras."*
>
> *– Mauricio Bravo*

INVITA A COMER A UN MILLONARIO

Uno de los requisitos fundamentales para tener éxito financiero definitivamente tiene que ver con tu nivel de relaciones sociales que manejes. Para eso aquí te dejo un reto mental más y seguro te funcionará para acercarte a tu libertad financiera.

El reto es: invita a comer a un millonario.

Busca cerca de ti a esa o esas personas que son dignos de admiración, que tienen los resultados que tú deseas tener. No importa si son dentro de tu círculo social o no. Alguien con estas características te prometo que lo encontrarás.

De esta manera, invitándolo a comer o a cenar, entrarás a su mundo, y eso es lo que buscas, porque si van al tuyo te seguirás quedando en tu zona de confort, además de que esa persona probablemente no quiera ir a los lugares que tú frecuentas porque están fuera de su contexto.

El hablar con una persona exitosa, el ver cómo actúa, a dónde va y todo lo que es esa persona en su día a día, sin duda alguna te ampliará el panorama y abrirá el contexto de una manera increíble y querrás ser como él o ella.

Ahora, ¿en dónde encuentras un millonario? Es muy sencillo: hay millonarios en todos lados. No necesitas revisar las cuentas bancarias de todos los que te rodean para saber si tienen dinero o no. Basta con escuchar sus temas de conversación.

Dicen que las personas de mentalidad pobre, hablan de personas, es decir, critican, señalan, inventan chismes. Te sugiero que te alejes de ellos y comienza a pasar tiempo con otras personas. Las personas de clase media, hablan de cosas, tales como el clima, sus desgracias, sus pertenencias. Regularmente quieren aparentar lo que no son. Finalmente, las personas ricas, hablan de ideas. Acércate a ellos y aprende lo más posible.

TU RECURSO MÁS VALIOSO

Por otro lado, te invito a que reflexiones sobre el valor de tu tiempo y aprendas a realmente a optimizarlo. Sé el dueño de tu propia vida, ya sea que trabajes medio tiempo o tiempo completo, respeta los horarios destinados para esta actividad y el tiempo posterior dedícalo a ti mismo: practica tu deporte favorito, ve a cenar a un sitio nuevo, sal a caminar con tus hijos, pasea a tu mascota... en fin. Hay muchísimas actividades que puedes disfrutar con tu tiempo.

Adicional a esto, invierte tiempo de calidad en tu proyecto de libertad. Ya sea que optes por hacer crecer tu proyecto principal o por crear múltiples fuentes de ingreso, dedica parte de este tiempo todos los días a hacer crecer dicho proyecto.

> *"Antes salir a tiempo de mi trabajo me hacía sentir incómoda, después de atender a tu curso [Uinic], aprendí la importancia de dedicarme tiempo y ahora salgo temprano y me voy a jugar basquetbol, estar con mi familia y hacer lo que me gusta además de mi proyecto de libertad financiera."*
>
> *– Vianey Madero*

UN PROYECTO CON SENTIDO

Si ya has hecho todo esto que te menciono y las cosas siguen sin dar resultados, quizás el problema se encuentra en que no estás atendiendo a tu misión social en este mundo. Actualmente, se dice que el nuevo capitalismo es el capitalismo social, el cual afirma que, **si quieres que te vaya bien, debes hacer el bien y debes hacerlo bien**. Con esto quiero decir que cada acción que realices la hagas con

53

conciencia y pensando básicamente en tres puntos: en las personas, en el planeta y en los beneficios o utilidades.

El capitalismo tradicional afirmaba que bastaba con tener una empresa y obtener beneficios. Sin embargo, hoy en día las cosas han cambiado. Ya no sólo se piensa en beneficios propios, sino en beneficios para otras personas y para el planeta mismo.

Debes darte cuenta que el dinero únicamente es un subproducto de hacer algo que te gusta y con lo que te sientes conectado. De esta manera, el dinero comenzará a llegar solo.

Enfócate en la acción social, sea lo que sea que estés emprendiendo. Ayuda a más personas. No te centres únicamente en generar dinero y verás que el dinero llegará.

"Si tu motivación para trabajar es el dinero, eres un esclavo. Si trabajas para realizar una misión, eres libre."

–J. Lannon

Entonces, empieza a ser más responsable socialmente y el dinero comenzará a llegar de una manera fluida. Deja de pensar tanto en ti y ayuda un poco a los demás.

LA FÓRMULA MÁS SIMPLE PARA GENERAR INGRESOS RESIDUALES

Bueno si ya entendiste que debes generar ingresos residuales para avanzar a la segunda fase de la libertad financiera, te voy a dar una herramienta que te ayudará a acumular activos que te generen este tipo de ingresos de una manera simple.

Un ingreso residual es todo ingreso que entra cuando tú no haces nada o prácticamente nada. Todo mundo quisiéramos tener este tipo de ingresos, ¿cierto? Pues existen tres requisitos para seguir esta fórmula y poder obtener varios ingresos sin que se conviertan en otra actividad de medio tiempo o tiempo completo.

1. *Alcanzable económicamente*. El proyecto que elijas no debe ser muy elevado, costoso ni elaborado. Que sea algo accesible para que puedas empezar desde ya.

2. *Que no requiera conocimientos especializados*. Si requiere que aprendas muchas cosas, te vas a retrasar demasiado en el proceso de creación de activos. Busca algo fácil de ejecutar en donde no sea necesaria una capacitación intensa ni compleja. Literalmente, que lo pueda hacer hasta un chango o su equivalente.

3. *Que no te requiera más de cuatro horas al mes*. Esto no quiere decir que desde el principio será igual. Cualquier proyecto, en sus inicios, requiere tiempo, dedicación y esfuerzo pero una vez implementado busca que cubra esta característica sino quieres que sea otro empleo o autoempleo.

Dentro de lo que ya haces y ya conoces, tienes que comenzar a buscar qué es lo que te gusta y más llama tu atención. Una opción es internet. Dentro del mundo cibernético hay varios caminos a seguir: puedes crear tus propias aplicaciones, *infoproductos*, escribir un libro electrónico, vender productos de afiliados, crear sitios de venta, hacer *blogging* o tiendas virtuales entre otras tantas ideas. Hay infinidad de cosas que puedes comenzar a hacer hoy y que cumplen estas tres características.

El punto importante de todo esto es buscar oportunidades de negocios que cumplan con los tres requisitos que ya mencionamos.

La primera parte de esta estrategia es tener una lista de activos que cumplan con los tres requisitos. La segunda es escoger uno de esos activos. Y la tercera parte es echar a andar el proyecto.

Puedes iniciar con algo pequeño que poco a poco irás creciendo junto con tus ingresos. Recuerda que tu patrimonio y todo lo que quieras lograr llegará hasta donde tu mente diga y hasta donde tu espíritu te guíe.

Comienza hoy. Quizá mañana puede ser demasiado tarde.

EL PRINCIPAL COMBUSTIBLE

Para poder vivir tu libertad financiera, es necesario que tengas claro que es lo que quieres y lo mejor es comenzar por tener sueños grandes.

Los **sueños** funcionan exactamente igual que la gasolina de los coches. Sin gasolina o con poca gasolina, difícilmente avanzará tu automóvil, y si lo hace, será muy despacio y con mucho miedo de quedarse parado en algún punto (por eso ves a tantas personas moviéndose lentamente al perseguir sus metas financieras: tienen poca *gasolina* y tienen mucho miedo de quedarse parados para siempre).

En cambio, si te ocupas de tener el tanque de gasolina lleno todo el tiempo, no importa qué tanto avances: ¡siempre tendrás combustible para seguir avanzando!

Todos nosotros tenemos un *tanque* de sueños. Cuando un sueño lo agotas (lo cumples), debes llenar nuevamente el tanque. Por eso, es tan importante alimentarse de nuevos sueños cada vez, para que siempre tengas combustible que te mueva.

Hay muchas formas de mantener lleno tu tanque de los sueños: tomarte fotografías con aquello que quieres y hacer un collage, hacer afirmaciones o declaraciones de aquello que quieres lograr, preguntar a otros por sus sueños y hacer algunos de ellos propios, visualizar y escribir la vida que quisieras tener, etcétera. Te sugiero que las hagas todas, pero debes tener cuidado de no perderte en el mundo de los sueños sin seguir trabajando para hacerlos realidad.

Retomando el ejemplo anterior, de nada te servirá tener un galón o un tinaco lleno de gasolina si no tienes un automóvil y un objetivo hacia el cual moverte.

Todos los sueños tienen la característica de ser hermosos pero también indefinidos, por lo cual debemos convertirlos en **metas** claras, precisas, alcanzables y con un tiempo límite, pero ya continuaremos con esto más adelante.

"Un minuto de planeación te ahorra 10 minutos de ejecución".
-Bryan Tracy en el libro Tráguese ese sapo.

Si alguna vez has hecho algo siguiendo un plan y después sin seguir un plan, sabrás la verdad que encierra esta frase.

Tener un **plan** se vuelve especialmente importante cuando quieres cumplir tus metas en un tiempo corto. Por ejemplo, en ese preciso momento que te diste cuenta que estás metido en ese círculo vicioso de tus finanzas donde llevas años trabajando y el dinero sigue saliendo más rápido de lo que entra, no tienes ahorros, no tienes inversiones, no sabes qué pasará si de repente ya no puedas trabajar... es ahí, mi querido lector, cuando todos quisiéramos haber tenido un plan desde el principio, ¿me equivoco?

Pero, no te preocupes. Siempre hay tiempo para hacer tu plan, así que si aún no sabes cómo hacer tu planeación financiera, estás leyendo el libro correcto.

Regresemos al ejemplo inicial. Estás a punto de tomar un largo viaje, tienes el automóvil con el tanque de gasolina lleno (sueño), tienes el destino exacto al cual quieres llegar (meta), trazaste la mejor ruta para llegar en tiempo corto y con seguridad a tu objetivo (plan), ya te subiste al coche, físicamente estás en condiciones óptimas para conducir el tiempo necesario, tomaste todas las precauciones de seguridad para prevenir accidentes, llevas todas las provisiones necesarias, revisaste el clima y el estado de la carretera antes de salir, llevas un GPS para seguir tu ruta... todo está en perfectas condiciones para emprender tu viaje pero, ¿qué pasa si no enciendes el automóvil?

Para muchas personas encender el automóvil es algo aterrador. Pensar en los posibles accidentes, en las razones por las cuales no llegarán a salvo, en cómo a sus amigos, conocidos o familiares les fue mal en un viaje similar o el simple hecho de pensar que tardarán mucho tiempo en llegar les hace retrasar (tal vez inconscientemente) su viaje de manera indefinida. Algunos tal vez nunca emprendan su viaje por temor a fallar.

La noticia es que no hay plan infalible ni fórmulas secretas. La única forma de saber si un plan va a funcionar es ejecutándolo, **¡Enciende el coche ya!**

No esperes a tener todas las condiciones perfectas para comenzar. ¡Hazlo ya! Con lo que tengas, con lo que sepas, con lo que puedas... no esperes más para empezar. En el camino tendrás tiempo para corregir y mejorar.

FANTASÍA VS REALIDAD

Tal vez mucho de lo que te he dicho hasta ahorita puedas pensar que está fuera de lo realidad. Pero lo más probable es que en estos momentos de tu vida te encuentres pasando por una *fantasía financiera* que está realmente alejada de la *realidad real* para la cual estás preparado y destinado a vivir.

Te pondré un ejemplo para que quede un poco más claro esto de la fantasía y la realidad: de niño para ti era algo realista el hecho de vivir en un castillo, tener unicornios y sirenas en un lago afuera de tu casa ¿cierto? Aunque para ti tal vez eso no existe, para un niño pequeño sí.

Hablando en términos financieros a ti te pasó lo mismo. De niño tú creías que vivías en abundancia total... y así era: si tenías hambre pedías y obtenías comida, tenías sueño y te dormías, querías que alguien te cambiara o hiciera algo por ti y simplemente lo pedías y lo obtenías y así sucesivamente con todas las necesidades que se te presentaban, no sabías de donde venía el ingreso pero tus necesidades estaban satisfechas.

Tú naciste creyendo que todo es posible. No naciste poniendo una "o" entre dos cosas buenas, "o soy rico o soy honrado". Se pueden ser ambas cosa. El problema de esto es que los padres son nuestros ejemplos a seguir. Es decir, las personas que se encargaron de nuestra educación, nos imponen creencias limitantes.

Lo que te quiero decir con esto es que, al día de hoy, vives en una fantasía, que las figuras de autoridad te hicieron creer de pequeño con frases como "no hay dinero", "es muy caro", "el dinero no crece en los árboles". Esa fantasía es algo que tú te creíste hasta el día de hoy. Sin embargo, ahora es con cosas como "no puedo cambiar de coche", "no puedo tener una mejor casa", "no tengo días de vacaciones"

Te invito a que te des cuenta que lo que estás viviendo no es tu realidad. Tu realidad es la libertad financiera, la abundancia, tener múltiples fuentes de ingreso, vivir en un mundo sin envidias y chismes. Tú naciste en abundancia y es tu destino vivir en ella así que, de ahora en adelante, dedícate regresar a ella. Siéntelo parte de ti y sucederá. Deja de poner una "o" entre dos cosas buenas. Comienza a poner una "y". Créeme, es posible hacerlo.

> *"Muchas veces la familia te inculca la creencia de que si haces algo poco a poco se logran grandes cosas, y muchas veces es cierto, esa es la fantasía que nos hacen creer, pero también se pueden lograr grandes cosas con la mentalidad y destrezas que nos enseñan otras personas. Para mí, ha resultado difícil romper ese paradigma, pero sé que no es imposible. Las cosas empiezan desde la actitud de uno mismo." – Luis Rubio*

Capítulo 4: El camino más rápido entre tú y el dinero.

Normalmente, si ya estás en alguna actividad económica y ya tienes tiempo en ella, por tanto, ya estás acostumbrado, lo más probable es que ya hayas llegado a un tope de ingresos; si eres empleado, con mayor razón, ya que recibes lo mismo mes con mes, salvo las prestaciones que recibes a final de año. Cuando eres auto empleado y trabajas por tu cuenta, lo más probable es que tus ingresos sean muy variables. Sin embargo, aún en esta situación, debe de haber un promedio en el cual existirá un tope financiero.

Para subir tu estándar de ingresos, el camino más rápido es algo realmente simple. La desventaja de esto es que muchas personas le tienen miedo a que las cosas no sean complejas, debido a que creen que los que se encuentran a su alrededor los encasillarán en el estereotipo de una persona no inteligente. Este camino del que te hablo es la venta.

Muchas personas normalmente le temen a lo que creen que son las ventas, ya que comúnmente tiene la idea de que ventas es sinónimo de ofrecer, rogar, perseguir e incluso rebajarte, porque hay personas que tienen su carrera, doctorado y/o maestría y cuando alguien más les propone entrar en el mundo de las ventas, se les ponen *los cabellos de punta* y empiezan a pensar que es algo muy bajo a lo que se dedican las personas de ventas y que no tienen otra cosa más importante que hacer. Sin embargo, las personas más ricas del mundo, han sido también los mejores vendedores del mundo.

El punto clave de todo esto no es comenzar a vender por vender (zapatos, dulces, ropa o lo que hayas decidido). El secreto está en qué te vas a vender a ti mismo.

Para asegurarte de que te venderás de la mejor manera, el primer paso es dejar de creer lo que dicen los demás. Es decir, a ti te dijeron que tu tiempo al mes vale 1,000 dólares, por mencionar una cantidad. Llega un punto en el que comienzas a crecer y subir escalones y entonces ya no ganas mil, sino 2 mil, pero en un principio alguien te puso un parámetro. ¿Por qué no empezar a desafiar este tipo de creencias y comienzas a pensar qué harás para tener más dinero?

Piensa bien en la emoción que te provoca esto que te estoy diciendo: **el camino más rápido para hacer dinero es vender.** Piensa muy bien y analiza lo que sientes. Si lo que te provoca es miedo o un sentimiento de inferioridad, es momento de desafiar esas creencias que por alguna razón tienes arraigadas.

VUÉLVETE ALGUIEN DE ALTO VALOR

Como lo decía párrafos atrás, para tener éxito en las ventas primero tienes que posicionarte a ti mismo. Hazte a la idea de que eres una persona con un alto valor, eres una marca de valor, por el hecho de existir ya eres valioso para el mundo, para tu familia, y para ti mismo. Cada que escuches tu nombre debes visualizarlo como una marca altamente reconocida.

Miguel Ruiz, en su libro *"Los cuatro acuerdos",* menciona que siempre debemos de dar nuestro máximo, supera tus barreras, tus miedos, tu ego y lleva todo hasta el límite de manera habitual.

Por ejemplo, ¿por qué cuando *Apple* estaba en pleno apogeo se inclinaban por esta marca a pesar de ser la más cara de todas? La respuesta es simple. Porque la marca era y sigue siendo considerada de alto valor, por tanto, al usar una marca de alto valor, tú también te sientes una persona de alto valor.

A lo que voy con esto, es que si te posicionas a ti mismo como una persona de alto valor, las personas que te rodean de igual manera se sentirán valiosas estando a tu lado, por tanto querrán pasar más tiempo contigo, lo cual te llevará a que las posibilidades de compra aumenten.

Piensa diariamente cómo puedes dar más valor a las personas de las que te rodeas, como lo son tus clientes, empleados, jefes, colegas, familiares y amigos.

Dependiendo de la persona ya verás qué hacer con ellos, les restas trabajo, mejoras servicios, pagas a tiempo, ayudas en sus tareas, das bonificaciones, etcétera. Haz más de lo que estás acostumbrado a hacer, ayuda a los demás, resuelve problemas.

HAZ EL BIEN SIN MIRAR A QUIEN

No sólo ayudes a las personas que conoces, el siguiente nivel es apoyar a personas que no conozcas, y no únicamente a personas. Ayuda a tu planeta. Basta con la pequeña acción de recoger la basura que te encuentres en la calle, comienza a reciclar, usa la menor cantidad de bolsas de plástico, etcétera.

Cuida de ti, de tu familia, de tus amigos, de todos tus semejantes y también cuida del lugar en el que habitas.

"Haz que Dios sonría cuando piense en ti."

VENDER SIN VENDER

Otro consejo que quiero darte es que vendas sin vender. Si te enfocas en ayudar a la gente a resolver problemas, te van a comprar, ya sea servicios, conocimientos, tiempo o productos, ya sean tuyos o de alguien más.

Si todo el tiempo compramos, ¿por qué no vender también todo el tiempo? Enfócate en aprender y desarrollar habilidades de ventas.

En mi anterior libró, *"Sé el héroe de tus finanzas",* hablo un poco de la manera en la que mi niña de 4 años consiguió lo que quería: un juguete en un fin de semana, lo que para muchos pudo haber sido inalcanzable. ¿Adivinas cómo lo hizo? Sí, vendiendo.

Algo indispensable en el mundo de las ventas es agregar valor, dale valor a la gente. Piensa de qué manera puedes ayudar a cada uno de tus clientes.

En resumen, lo más importante para comenzar a vender es valorarte a ti mismo y convertirte en una persona de alto valor, además de intentar siempre ayudar a tus clientes. Con esto, atraerás gente que se convertirá en tus posibles clientes.

Por ende, al ser una persona de alto valor, también obtendrás ingresos de alto valor.

"Hagan las cosas con pasión y den ese valor agregado, en lugar de imitar comportamientos de otras personas. Eso no los llevará a nada."

—Carlos Nava.

- Ventas de alto valor.

Ya que estamos entrando en materia de ventas de alto valor, hay que entender porque algo no se vende.

Si un producto o un servicio no se están vendiendo, es por dos razones principales: la primera es que el producto se percibe muy caro y la segunda es que no hay suficientes personas que lo estén viendo, o bien, las personas que lo están viendo no son las indicadas.

Vayamos punto por punto. ¿Por qué a alguien le parecería caro un producto? Déjame decirte. No hay un producto caro. Lo que sucede es que quizás la persona a quien te estás dirigiendo no tiene el dinero, o por otro lado, el producto no tiene el valor suficiente como para pagar el costo al cual lo estás vendiendo.

Las personas más que nada buscan soluciones, no precios. Que te quede claro que en una guerra de precios, nadie va a ganar. Esto nos orilla a que te enfoques en sumar calidad, que las personas al consumir tu producto y/o servicio se queden con la boca abierta y crean que han pagado mucho menos por lo que están recibiendo, si tú logras esto, si logras que de alguna manera tus clientes sientan que te están estafando... ¡felicidades!, tienes un nuevo cliente.

Por el contrario, si tu cliente cree que tu producto y/o servicio apenas cumple con las expectativas respecto a lo que le cobraste, existe la posibilidad de que te vuelva a comprar, pero lo más probable es que no. Lo peor del caso es que dicha persona se sentirá estafada.

Estás buscando clientes que se queden contigo durante largo tiempo y adquieran todos los productos que saques al mercado. Para esto primeramente debes enfocarte en que el verdadero valor de lo que estás ofreciendo, sea percibido por el cliente de manera que crea que te está estafando, ya que si una persona siente que recibe mucho más a cambio de lo que está pagando, ese nuevo cliente se volverá tu más fiel re comendador, por la simple y sencilla razón de que lo ayudaste a resolver un problema, por tanto, te recomendará con sus amigos y conocidos.

"Ayúdale a alguien a resolver un problema, y esa persona te estará agradecida toda la vida."

Ofrece a tus clientes algo que los demás no tengan. Date el tiempo de estudiar a tu competencia.

Por ejemplo, todos odiamos aquel sonido de las máquinas de los dentistas. Sin embargo, en una de las visitas que hice a mi dentista, antes de pasar a consulta, me entrevistaron sobre qué me gustaría que mejoraran y además me preguntaron mi música favorita. Al entrar a consulta me llevé una gran sorpresa cuando mi dentista me colocó unos audífonos y pude escuchar la música que había mencionado anteriormente. Este es un pequeño ejemplo de valor agregado que, sin duda, diferencia a mi dentista de muchos otros.

Piensa: ¿qué puedes hacer para que tu cliente piense que le estás dando más valor que la competencia? Ojo: trata de que esto que vayas a agregar no requiera de una gran inversión. Basta con algo pequeño pero ingenioso.

Ya que tienes claro cuál será tu valor agregado, tienes que hacérselo saber a tu cliente. La publicidad que vas a utilizar será resaltando la solución que obtendrán al adquirir tu producto y/o servicio.

En mi experiencia, cuando tienes tu precio bien establecido y el valor que les estás dando es superior a lo que estás cobrando, entonces nadie te regatea.

Pasemos al segundo punto del que hablábamos al principio del capítulo. La segunda razón por la cual un producto no se está vendiendo de la manera adecuada es que no hay suficientes personas que lo estén viendo, o bien, no son las personas correctas.

Lejos de anunciarte en espectaculares, anuncios luminosos, *flyers*, lonas y demás, tienes que ver tu situación. No te conviene invertir en publicidad masiva. Lo que te aconsejo es que sigas el primer punto: darle valor a tus clientes. Así, de alguna manera, ellos serán tus principales vendedores, ya que si quedan satisfechos con lo que les ofreces, te recomendarán con familiares, amigos y conocidos.

CÓMO CAPITALIZO LA FIDELIDAD

Ya vimos que las referencias son muy importantes. Ahora, ¿cómo capitalizas esto?

Por ejemplo, yo pido una retroalimentación por escrito a mi cliente, lo cual me sirve para tener datos cuantificables para mejorar. Además de esto, pido referencias y les ofrezco un incentivo, como un descuento.

Otra cosa que hago y que me ha servido bastante, es que al estar en mis cursos, les pido a mis alumnos que compartan fotografías y me agreguen en las redes sociales. De esta manera, sus contactos también comienzan a interesarse en lo que hago.

Ten en cuenta que necesitas al menos diez impactos positivos de tu producto, servicio o lo que sea que estés comercializando hacia un posible cliente para que decida comprarte o no.

Resumiendo, enfócate en agregar valor, en ayudar, dar soluciones y haz que más gente te conozca.

- o ¿Ya estoy listo para la abundancia?

Sí, tú ya estás listo, tú ya estás lista. Normalmente iniciamos nuestra educación financiera con libros y cursos, pero al cabo de 2, 3 o 5 años te das cuenta que tus finanzas siguen igual que antes. Te lo vuelvo a repetir: no se trata de cuánto sepas, sino se trata de qué estás haciendo con eso que sabes. En eso consiste todo.

ACCIÓN MASIVA INMEDIATA E IMPERFECTA (AMI)

Lo que te garantiza que tendrás resultados es la acción: acción masiva inmediata e imperfecta (AMI).

Pon atención en lo siguiente: si al principio el resultado que obtienes no te gusta simplemente cambia, haz los movimientos necesarios, simplemente ocúpate de hacer crecer tus ingresos mes con mes. Esto no va dirigido únicamente para los negocios, sino también para tus finanzas personales.

Debes tener en cuenta que, con tu primera acción no tendrás los grandes resultados ni las más grandes utilidades, pero recuerda que, al principio las cosas suelen ser difíciles. El punto es no rendirse y seguir adelante hasta alcanzar lo que sea que te hayas propuesto.

Te contaré algo personal. Cuando fui papá por primera vez, me invadía el miedo. Durante los nueve meses de embarazo dudé de mis capacidades para ser padre. Ese miedo me acompañó hasta el último día, pero en cuanto me la llevaron, la primera vez que la cargué, descubrí que ya estaba preparado para ser el mejor papá del mundo. El miedo se esfumó y desde ese momento la cuido, la protejo y procuro que siempre esté bien. A la fecha tengo tres hijas y ya no tengo miedo. Simplemente me llegó el espíritu de la paternidad, hice lo necesario y sigue funcionando.

Que te quede claro, ya estás listo para recibir esa abundancia. Simple y sencillamente muévete y ve por ella.

ACOSTUMBRATE A TENER DINERO

Probablemente ya estés bastante acostumbrado a ese ciclo vicioso de trabajar, ganar, gastar y que no te quede nada, ya sea a final de semana, mes o quincena, dependiendo de la manera en la que te paguen.

Una práctica muy simple es tener el tanque de gasolina siempre lleno. No permitas que baje de medio tanque. Al hacer esto, tú mismo te harás a la idea de que estás en abundancia, de que puedes tener lo que quieras, de que puedes pagar por lo que desees.

Yo era de esas personas que le ponían hasta $20 de gasolina al coche, simplemente lo justo para llegar a determinado sitio. Con el paso del tiempo y de las circunstancias, mi mentalidad fue cambiando y ahora soy una persona que siempre procura traer el tanque de gasolina lleno.

Otra recomendación es, oculta dinero en alguna prenda, ya sea en un pantalón, en un saco, en un abrigo… déjalo ahí y olvídate de él. La próxima vez que uses dicha prenda te dará muchísimo gusto encontrar dinero y podrás usarlo para lo que quieras, ¿apoco no?

Capítulo 5: Apalancamiento.

¿El camino más rápido entre tú y el dinero? Las ventas de alto valor.

¿No tienes nada que vender? Apaláncate de terceros, ya sea en conocimiento o en productos.

Hay ocasiones en las que muchas personas se sienten mal al utilizar los productos, servicios o conocimiento de alguien más. Sin embargo, las personas más exitosas hacen esto de manera profesional, constante y habitual, así que no tengas miedo y arriésgate. Verás que, poco a poco, vas a comenzar a generar grandes capitales.

Apalancamientos significa: hacer más con menos. O en el punto más básico, hacer más con lo mismo.

Para esto debes comprender qué tipo de recursos tienes, sean tuyos o de alguien más, para poder aprender a hacer más con menos o al menos con eso mismo.

Dichos recursos son, dinero, tiempo y relaciones. Del primer recurso ya hablamos en los capítulos anteriores. Toca el tiempo a las otras dos.

- Todo el mundo es un prospecto.

Uno de los secretos más importantes que he aprendido es justamente cuidar y cultivar mis relaciones, cada que conoces a alguien, ocúpate de verdaderamente conocerlo, crea una buena relación, sin pensar si más adelante te comprará o no.

Dicen por ahí que "primero la amistad, luego los negocios", ya que todos los negocios se hacen basados en la confianza. Por tanto, si eres alguien que considera a todos los que lo rodean como personas valiosas y dignas de aportar y recibir valor de tu parte, si eres agradecido y además ayudas a otras personas, en un futuro si ofreces algo que tenga que ver con sus necesidades, ten la seguridad que acudirán a comprarte a ti. Siempre busca dejar algo de valor en la gente.

Nunca pierdas la oportunidad de conocer a alguien. Recuerda que todos somos prospectos, no sólo en el ámbito de los negocios, incluso para pareja sentimental. Hazte de relaciones sociales todos y cada uno de los días.

- El poder de las relaciones y la comunicación eficaz.

Todas las personas millonarias entienden el poder que tienen las relaciones.

De entrada, tienes que entender que, con cada persona que te cruzas en el camino, hay una posibilidad de negocio, relación y enriquecimiento. No le hagas mala cara a la gente y no te pierdas la oportunidad de conocer a alguien más, ya que nunca se sabe cuántas vueltas da el mundo y algún día te puedes volver a cruzar con aquella persona a quien le hiciste mala cara... ¡y puedes necesitar de ella!

Acumula relaciones positivas en tu vida y vuélvete una persona con quien es fácil relacionarse. Algo que suelo hacer con cada nueva persona que conozco es conversar un par de minutos con ella y pedir sus datos de contacto. Al guardar esos datos, hago una pequeña anotación de la manera en la que la conocí. De esta forma, ya tengo una referencia para pláticas o encuentros posteriores.

Si te resulta difícil relacionarte con más personas, acércate a alguien a quien se le facilite. No te digo que aprendas de esa otra persona, sino que simple y sencillamente pueden hacer equipo.

CÓMO CONECTAR CON OTROS

Hay una técnica de comunicación que enseña Dani Johnson que se llama *F.O.R.M.* o *RAPPORT*, la cual tiene que ver con la manera en la que te comunicas en los primeros momentos al establecer una conversación.

Esta técnica *F.O.R.M.* se explica de la siguiente manera:

F. *Familia*. Pregunta sobre cuestiones familiares, como si esa persona está casada, tiene hijos, vive con sus padres, etcétera.

O. *Ocupación*. Toma interés por lo que hace, cuánto tiempo tiene haciéndolo, por qué decidió comenzar en ese camino, qué es lo que más le gusta, qué es lo que menos le gusta, etcétera.

R. *Recreación*. Le preguntarás qué le gusta hacer cuando no está trabajando o con su familia, cuáles son sus actividades favoritas, a qué equipo de futbol le va, si tienen un gusto en común, compartan anécdotas.

M. *Mensaje*. Deja algo importante para esa persona, algo de valor para él o ella. Si en la conversación surgió que a ambos les gusta el golf, un buen mensaje puede ser invitarlo a tu siguiente partido, o bien, invitarlo a comer a su restaurante favorito, en fin, algo de valor para esa persona. También puede ser un mensaje relativo a generar ventas. Aunque el mensaje puede ser opcional te sugiero que siempre optes por agregar valor.

En toda conversación lo mejor es que permanezcas relajado, de lo contrario tu actitud se verá forzada y no dará buenos resultados.

Cabe mencionar que esta técnica no sólo es para personas que no conoces. La puedes aplicar con tu pareja, amigos, familiares, con tu jefe… te aseguro que te ayudará a mejorar tus relaciones, por lo que evitarás frustraciones por suponer y dar las cosas por hecho.

LAS PERSONALIDADES

Una herramienta que me ha ayudado bastante es la que te contaré a continuación.

Cada individuo tiene rasgos comunes en su personalidad, que son comunes con los de otras personas. Existen cuatro personalidades diferentes. Quizá ya hayas escuchado hablar de esto, pero recordarlo hará que te quede un poco más claro.

El objetivo de esto es que sepas qué tipo de personalidad es la que predomina en ti, así como las fortalezas y debilidades de ésta. También podrás conocer a las personas que te rodean y sabrás qué es lo que les motiva para que, de esta manera, puedas interactuar de una manera más eficaz.

- o *Rojo / Zafiro / Delfín*. Es una persona sociable. Le gusta hablar y compartir momentos con otras personas. Es el alma de la fiesta. En cada reunión todos quieren estar a su lado. Son el foco de atención en un grupo de personas y también suelen ser muy atractivos. Buscan estar a la moda y verse bien en cualquier momento. Visten ropa de colores alegres e intensos.

  Son personas distraídas, volátiles, cambian constantemente de tema. Al principio les cuesta llevar el hilo en una conversación larga. Su estado de ánimo cambia constantemente, son realmente emocionales y a veces dice las cosas sin pensarlo dos veces.

  Si tratas con una persona así, trata de entenderlo y no tomar las cosas muy a pecho, deja que se le pase la emoción.

  Si eres una persona así, toma el control de tus emociones para no lastimar a las personas que quieres y que te quieren.

  El puesto ideal para una persona así tiene que ver con comunicaciones, apertura de negocios y relaciones públicas.

  En el mundo de los negocios atraerá más clientes y consolidará las relaciones que ya existen con otros. Lo que nunca debe de hacer son cierres de ventas, seguimientos y cobros.

  El motivador principal de un color rojo es la diversión y la variedad. Necesita hacer cosas nuevas y diferentes.

Una de sus desventajas es el iniciar muchas cosas y terminar realmente muy pocas.

- o *Azul / Perla / Ballena.* Son personas tranquilas, reservadas, incluso tímidas, contrariamente al color anterior. Tiene pocas amistades. Es introvertido. Las pocas amistades con las que cuenta, las cuida realmente bien. Es muy leal y puedes confiar ciegamente en personas así. Son personas muy emocionales y, de hecho, tienden a ser depresivos.

  Si le haces algo que lo lastime, corres el riesgo de perder esa lealtad que habías ganado. Quizá te disculpe, pero siempre quedará un poco de rencor. Son personas que evitan los conflictos a toda costa. Si tiene la fortaleza y el carácter necesario, los deshace.

  Hablando de negocios, son perfectos para dar seguimiento, para dar atención al cliente y mejorar relaciones. Siempre están buscando ayudar.

  En aspectos de pareja, es la persona que cede y acepta lo que la otra persona está diciendo, aunque no haya tenido la culpa en determinada situación. En cuestión familiar, son las personas que dan todo por los demás. En una empresa, buscará la manera de que el cliente reciba lo que realmente quiere.

  Uno de sus puestos ideales es en recursos humanos, ya que buscará lo mejor tanto para empleados como para la empresa misma. Son personas que tienen que ser muy bien capacitadas para que los clientes no se aprovechen de su nobleza.

Una de sus debilidades es que, igual que la personalidad anterior, no termina las cosas en tiempo y forma, ya que suele ser lento y desidioso, por lo que se tarda bastante en alcanzar sus metas y no debes encargarle situaciones urgentes.

En cuestión de ventas, no lo coloques en cierre de ventas ni en creación de nuevas relaciones.

Su motivador principal es la conexión y el amor. Procura que esta persona se sienta escuchado, reconocido y amado. Cuida tus palabras.

Si eres una persona así, trabaja con la parte de tu rencor, intentar terminar las cosas, vuélvete una persona más activa y obtendrás muchísimos más resultados.

o *Amarillo / Rubí / Tiburón*. Le gusta ser reconocido, que los demás lo vean. Le gusta llamar la atención. Tiene una personalidad muy fuerte. Su lenguaje tanto verbal como no verbal es muy dominante. Habla en tono mandón en todo momento. Es una persona que sabe lo que quiere y no se queda con eso, sino que lucha por alcanzarlo. Son personas que quieren llegar al grano y suelen tener una agenda muy apretada. Es meticuloso con tiempos y actividades. Es una persona práctica y organizada. Lo más importante para una persona así es él mismo: cuida su cuerpo, su vida, sus relaciones, no tiene muchos amigos; puede llegar a ser sociable, pero es muy selectivo: no deja entrar a muchas personas a su círculo social más cercano.

No tiene tacto al hablar, por lo que no siempre cae bien a los demás. No es una persona tolerante.

Son punta de lanza. Son ideales para liderar un proyecto. Les encanta y saben trabajar bajo presión. Les gustan los retos y están programados para resolver problemas en corto tiempo. Entre menos tiempo tienen para resolver algo, más motivados y emocionados se sienten.

Constantemente está iniciando proyectos pero hay ocasiones en las que los abandona antes de tiempo porque su terquedad lo llevó a no tener un buen resultado. Si siente que ya se tardó mucho en alcanzar su objetivo, puede continuar hasta conseguirlo, o bien, abandonar la misión.

Es importante ponerle retos grandes pero alcanzables. Motiva a esta persona para que lo cumpla.

Es una persona ideal para cerrar ventas y cobrar, pero es complicado que esté dispuesto a realizar un seguimiento porque se desespera mucho y muy rápido.

Es una persona que ves y de primera instancia te cae mal, ya que lucen engreídos.

Su motivador principal son los retos y el reconocimiento.

Si eres una persona así, tienes que aprender a comunicarte sin ser rudo.

o *Verde / Esmeralda / Erizo.* Es totalmente contrario al rojo, literalmente polos opuestos. Es una persona muy organizada, incluso acartonada. Sabe seguir perfectamente el hilo de una conversación, aunque esta sea muy larga. Suelen ser aburridos y hablar con el mismo tono todo el tiempo. Usan muchos tecnicismos. Le importan mucho los estudios, aprendizaje y conocimiento.

Constantemente busca algo nuevo que aprender. Le gusta resolver problemas y no puede haber nada fuera de su lugar.

Es el indicado para llevar las cuentas de una empresa, así como el orden para planeación estratégica.

Nunca le pidas relaciones sociales, asistir a eventos, dar seguimientos. Pídele que te haga un análisis técnico, corridas financieras, que organice archivos y bases de datos.

En cuestión de ventas, una persona sólo puede venderle a otra persona igual a él.

Es una persona muy cuadrada de pensamiento. Son controladores e inflexibles pero también es una persona muy precavida. Es detallista en todos y cada uno de los aspectos de su vida. Incluso puede llegar a ser perfeccionista.

No le gusta la incertidumbre. Quiere tener claro qué es lo que sigue.

Su motivador principal es la certeza.

Si eres una persona verde, trabaja con tu comunicación y sé un poco más flexible.

CÓMO UTILIZAR *FORM* CON LAS DIFERENTES PERSONALIDADES

- o *Rojo.* De lo que más le gusta hablar es de la recreación. Si comienzas preguntándole que es lo que más le gusta hacer en sus tiempos libres, sin duda alguna te dará toda la información que necesitas. Pregúntale sobre sus hobbies, sus fines de semana, qué es lo que más le gusta de su trabajo. Dependiendo del contexto preguntarás cosas sobre la diversión.

Recuerda que a personas así también les gustas ser reconocidos, así que intenta hacerle cumplidos.

- o *Azul.* Te enfocarás en la letra F: familia, ya que les encanta hablar de las personas que más quieren. Suelen compartir información de este tipo, así que hazlo para que se sientan conectados contigo. Pueden ser preguntas que van desde de dónde es, si tiene hijos, de dónde es su familia. Como lo vimos anteriormente, son personas a quienes les gusta ayudar a los demás, por lo cual le puedes preguntar respecto a eventos de caridad. Seguramente asisten y apoyan.

- o *Amarillo.* A esta persona le preguntarás sobre su ocupación, ya que lo que más le gusta son retos cumplidos, así que puedes preguntarle qué es lo más importante y/o relevante que ha hecho en su trabajo. Pregunta de qué es de lo que se siente más orgulloso, sobre los proyectos que tiene en puerta. También puedes preguntar en dónde se ve en unos años. Igualmente puedes preguntar sobre las metas que le gustaría cumplir.

- o *Verde.* A personas así, háblale de objetivos, resultados, enfócate en su ocupación. Pregúntale qué cosas ve en su empresa que, por ejemplo, los directivos no, cuáles son sus actividades favoritas en el trabajo y cuáles son las que menos le gustan, cómo se ve en los próximos años, qué está dentro de su lista por hacer y quiere cumplir este año.

Si te enfocas en estos consejos, de preguntar dependiendo de las personalidades, las personas se abrirán fácilmente y podrás establecer excelentes relaciones y sobretodo generar sinergia de trabajo con distintas personalidades.

- Personalidad secundaria

Usualmente las personas contamos con una personalidad secundaria, que de alguna manera respalda a la predominante.

Las combinaciones más usuales son:

- Rojo / Amarillo o Rojo / Azul
- Azul / Verde o Azul / Rojo
- Amarillo / Rojo o Amarillo / Verde
- Verde / Amarillo o Verde / Azul.

Los contrarios serían rojo con verde y azul con amarillo y es realmente complicado que esta combinación exista de manera natural porque, literalmente, son polos opuestos.

La única manera en la que personalidades opuestas se puedan combinar es que hayan sido forzados. Por ejemplo, si naciste con personalidad azul pero tu papá era militar y tu mamá muy autoritaria, por lo cual te metieron a una escuela militar. Por naturaleza eres azul, pero te metieron en un ambiente amarillo y verde. En estos casos es cuando hay personalidades encontradas, complementándose la una con la otra. Es importante que sepas reconocer tus ventajas y desventajas.

Quizá tu personalidad primaria era verde pero entraste a estudiar diseño gráfico, una carrera que te pide creatividad, así que al estar en un ambiente con personas de este tipo, te volviste una persona relajada y flexible.

En lo que te tienes que enfocar es en dominar todas las personalidades en ti, adquirir lo mejor de cada una de ellas, dominarlas a tu antojo y llevarlas al límite.

Cabe mencionar que primeramente te tienes que encargar de dominar tu personalidad principal y después desarrollar los aspectos favorables de las demás, comenzando por la secundaria y continuando con las otras dos.

Si logras dominar todo esto, serás una persona que está en control consigo mismo y, por ende, con sus relaciones.

- Sistema eficaz para manejar tu tiempo.

Uno de los secretos de los ricos es la manera de administrar tanto el tiempo como el dinero que les sobra, o bien, el que está separado de sus actividades principales.

Cada día tienes 24 horas. De esas 24, una tercera parte la usas para dormir, otra para trabajar y finalmente la tercera es en la que realmente harás la diferencia entre la pobreza y la abundancia.

Existe un excelente sistema para administrar tu tiempo que yo he seguido y créeme que me ha dado resultados. Este sistema lo tomé de un libro de Laura Vanderkam, quien es una experta en gestión del tiempo. Ella entrevistó a millonarios y a personas exitosas y en varios de sus libros explica cómo estas personas administran su tiempo.

Te comparto un poco de lo que aprendí.

Hay que dividir el tiempo en cuatro secciones importantes:

1.- *Lo que haces antes del desayuno*. Este tiempo puede rondar entre 6:00 y 9:00 de la mañana, o de 5:00 a 8:00. Todo depende de la hora en la que inician tus actividades laborales o profesionales (tu actividad económica principal). Entonces, las 2 o 3 horas con que inicias tu día, son uno de los momentos más valiosos de tu vida, en la cual realizarás 4 actividades indispensables, que en general serán *nutrir*.

- En primer lugar tu vida espiritual, tu "yo" interior. Esto lo harás buscando algo que te plazca, tal como hacer yoga, meditación, hacer oración o alguna actividad que te haga sentir tranquilo (a).
- La segunda actividad es nutrir tu cuerpo físico, aquí es en donde haces algún tipo de ejercicio, rutina, puedes correr, preparas tu desayuno saludable, en fin. Tú eliges cómo mejorar tu estado físico y, por ende, tu salud.
- La tercera actividad es nutrir tu proyecto de vida, tu proyecto de libertad financiera. Esto es porque en la mañana tu mente se encuentra más

despejada, por lo cual tendrás muchas más ideas y la creatividad saldrá a flote más fácilmente.

- Finalmente, la cuarta actividad es nutrir tus relaciones. Es cuando te tomarás tiempo para escribir un mensaje de texto a alguien para desearle un buen día, para recordarle a alguien que lo quieres, para agradecer algo. Es en donde puedes aprovechar para ir a desayunar con un viejo amigo, para pasar un poco de tiempo con tus hijos antes de que se vayan a la escuela, o con tu pareja antes de que se vaya a trabajar.

Cabe mencionar que estas cuatro actividades se pueden combinar. Un excelente ejemplo es que puedes hacer ejercicio o meditación con tu familia o amigos.

2.- *Tu horario laboral (horario altamente productivo)*. Supongamos que tu horario laborar es de 9:00 de la mañana a 6:00 de la tarde, con una hora de comida.

De entrada, en las primeras horas de la mañana, si puedes incluso hacerlo un día antes será mucho mejor, harás una lista de los seis objetivos más importantes que tienes que cumplir, los enlistarás de forma jerárquica. El número uno es el que te dejará mayor resultado de tu meta más grande, pongamos el ejemplo que tu meta más grande es vender 10 mil dólares: llega un cliente y te cotiza algo por 5 mil dólares, ya es la mitad de tu meta. Entonces, dentro de tus otras metas se encontrará agendar una cita con dicha persona hasta concretar la venta.

Hasta que no cumplas tu primer objetivo, no puedes avanzar al segundo.

Usualmente la mayoría de las metas más importantes son pesadas, difíciles, cansadas y toman bastante tiempo y concentración, es por eso que es la primera de todas. Ya las demás serán más tranquilas y todo se irá más ligeramente.

La mayoría de las veces solemos hacer las cosas fáciles primero y es un gran error. Hay que aprender a priorizar y hacer lo más importante, aunque sea lo más difícil, al inicio del día. No sabes si tus hijos se enfermarán o te llamarán para una reunión (improductiva) al finalizar el día y esto hará que postergues tu meta (más importante) un día más y con ello tus resultados (más importantes).

3.- *Qué haces después de tu trabajo.* Puedes hacer algunas de las cosas que haces en la mañana, refiriéndome específicamente a tu proyecto de libertad o tu proyecto de vida.

Este tiempo que tienes antes de dormir, serás muy eficiente en la manera en que lo inviertas.

Puedes dividirlo por días. Por ejemplo, los lunes haces reuniones de medición de resultados. Los martes te capacitas o capacitas a alguien más. Quizás el viernes con tus socios. Sea como sea que decidas dividirlo tienes que estar consciente de que hay que vender. El 90% del tiempo tienes que estar vendiendo. El 10% restante entregas lo que estás vendiendo y administras recursos.

Si no le dedicas tiempo a tu proyecto de libertad financiera, es obvio que nunca serás libre. El reto a vencer es que, efectivamente cuentes con tiempo libre, no porque no exista en tu agenda o en tu reloj, sino lo que hagas en esos tiempos, si eres adicto al trabajo y pasas más tiempo en la oficina, o si eres muy apegado a tu familia correrás a tu casa. Si eres adicto al ejercicio irás directo al gimnasio, en fin. El punto es que ya tienes ese tiempo ocupado. El reto a vencer, nuevamente, es priorizar y dedicar tiempo a tu proyecto de vida personal.

Con el paso del tiempo podrás dejar aquel trabajo que no te gusta. Adiós a las deudas y hola a nueva ropa, a los viajes y a todo lo que siempre has deseado.

4.- *Los fines de semana*. De entrada tienes que ser consciente de que tu fin de semana empieza desde que sales de la oficina el día viernes o sábado, dependiendo de cada situación. Para ser más eficiente en tu horario de fin de semana, lo primero es tener una guía que te servirá para saber por dónde ir exactamente. En esta guía estarán los puntos importantes que quieras cubrir durante el fin de semana. Recuerda enfocarte en sueños cortos que puedas cumplir fácilmente y no te tomen mucho tiempo. Un ejemplo muy simple es hacer un picnic con tu familia en un lago que está cerca de la ciudad en donde vives.

El problema de la mayoría de las personas es que, sí, tienen sueños, pero no encuentran ni el tiempo ni el dinero para poder realizarlos. Es por eso que tienes que anotar tus sueños y planear cuál cumplirás durante el fin de semana. Posteriormente, tienes que checar si hay que hacer alguna reservación y planear todo lo necesario.

Toma el control de tu tiempo y tu vida. Haz cosas que a ti te gusten y no lo que te dicen los demás.

Finalmente, el domingo por la tarde, es sugerido que hagas algo divertido, entretenido, relajante, que te suba el ánimo para iniciar la siguiente semana. La mayoría de las personas hacen lo contrario, preparan la comida para el día siguiente, la ropa, hacen los pendientes a última hora y es por eso que escuchamos tanto "otra vez es lunes". Planea tu último día del fin de semana, duerme con una mentalidad positiva y despierta con una buena actitud.

"Yo llegué a trabajar de 7:00 de la mañana a 1:00 de la mañana. Muchas personas aseguran que en empresas privadas pagan muy bien y realmente no es cierto. A las personas jóvenes nos ven como mano de obra barata y pagan muy poco, sin tomar en cuenta los estudios y el esfuerzo por sacar una carrera adelante. No hay que trabajar por el sueño de alguien más, sino por los sueños propios."

– Jacqueline Salazar

"Al renunciar en mi trabajo me di cuenta de dos cosas muy importantes, lo que quería y lo que no quería en mi vida. Si no es ahora, ¿cuándo?"

- *Lin Tovar*

"Yo renuncié a un trabajo. Ese trabajo estaba afectando mi salud y otras áreas de mi vida, es por eso que dejé el trabajo sin tener nada de respaldo. Ahí fue cuando descubrí mi misión: inspirar a la gente a luchar por sus sueños. Gracias por ayudar a tanta gente, gracias por ser un medio de inspiración [Uinic]"

- *Lin Tovar*

"Un post de tu Facebook me movió el piso, en donde hablas del trato que recibimos como empleados, ahí dije <<ya basta>>"

–César Milán.

"La semana pasada tuve experiencias agradables, por lo cual era fácil agradecer tanto de día como de noche. Esta semana comenzó complicada y no parece mejorar. Sin embargo, al echarle un vistazo a mi lista de gratitud, siempre encuentro más de un motivo para seguir agradeciendo, lo cual me ha enseñado a ver lo que tengo, en lugar de lo que estoy perdiendo."

- *Priscila Suárez*

"Todos los días encuentro una motivación más." – Anónimo

Capítulo 6: Educación financiera de tus hijos.

Quise terminar con esta sección porque una de las metas más importantes de tu vida es TRASCENDER. Por ello, si en tu vida hay algún pequeño o pequeña, te invito a que compartas lo que encontrarás en las siguientes líneas.

Tengo certeza total que si educas a un niño a ser independiente y de buenos hábitos, no tendrás que cargar con un adulto irresponsable.

Primero que nada, tenemos que entender que todo en la vida son hábitos. Los resultados que tienes al día de hoy están basados en tus conductas, comportamientos y acciones, los cuales vienen de tus pensamientos más recurrentes, es decir, de tus creencias, las cuales se forman entre los 0 y 7 años de vida.

"Un hábito se forma con acciones repetidas"

Con mi hija de 4 años, antes de entrar en el ámbito financiero, empecé a formarle determinadas ideas y creencias.

SI TE CAES TE LEVANTAS

Por ejemplo, cuando tenía alrededor de tres años sufrió una fuerte caída mientras jugaba, en donde terminó con algunos raspones. Al observar esto y ver a mi niña llorando, me acerqué a ella, le extendí los brazos y me arrodillé para ayudarla a que se levantara (sin levantarla yo mismo), la dejé que terminara de llorar y le pedí que me volteara a ver a los ojos y me prestara toda su atención, entonces le dije: *"mi amor, una caída no va a arruinar tu diversión".* Con el paso del tiempo y de más incidentes parecidos le seguía diciendo lo mismo, hasta que esto poco a poco se convirtió en una creencia que hoy en día tiene muy arraigada y que incluso se la enseña a sus hermanas y compañeros de escuela.

Si pones atención un poco, esta creencia le ayudará en años posteriores cuando termine una relación amorosa dolorosa o cuando decida emprender un negocio y éste no resulte tal como ella lo esperaba. Sin embargo, seguirá adelante porque recordará que *"una caída no va a arruinar su diversión".*

CELEBRA

Otro hábito a desarrollar con tus hijos es celebrar todos sus logros ya que de todo quedado con un aprendizaje.

Cada que tienen un triunfo en cualquier cosa (hasta por subir una escalera alta, atarse las agujetas o descubrir para qué sirve el botón rojo del control de la televisión) es importante que celebren. Un simple CHÓCALAS puede ser suficiente…un abrazo o un reconocimiento, lo que sea pero que les quede claro que es un triunfo y haz de eso un hábito.

Constantemente incentivamos a que hagan consciencia nuestras hijas en determinadas situaciones y rescaten lo aprendido. Si se quito los zapatos y camino sobre tierra y se raspo o sobre agua y se resbalo, es importante que reflexionen sobre lo aprendido y CELEBREN ese aprendizaje.

ENSÉÑALO A VENDER

Otro hábito importante para iniciar con tus hijos, es enseñarlos a no tenerle miedo a las ventas. Que sean algo natural, ponle metas. Por ejemplo, si quieren un juguete nuevo y tú no tienes dinero o simplemente no quieres comprarlo, enséñalo a conseguirlo por sí mismo. Sé su guía y apóyalo para que logre conseguir su meta.

YA SABE VENDER. ¿QUÉ SIGUE?

Cuando mi hija aprendió a vender, le mencioné que el siguiente paso era aprender a que algo o alguien vendieran por ella.

Conseguimos una máquina de chicles y la máquina trabaja por ella. Mi niña entiende perfectamente el principio de que hay que aprender a ganar dinero por ti mismo pero no debes de anclarte en eso. El siguiente paso es que algo o alguien lo hagan por ti, lo cual no es nada complicado como pudiste observar con el ejemplo de mi hija.

El día de mañana, tus hijos tendrán el hábito de crear activos, sistemas, negocios que funcionen sin ellos.

ADMINISTRAR SU DINERO

Este es otro de los hábitos que debes formar en tus pequeños: crear muy simples fuentes de ingresos y que sean sistematizadas.

Cuando mi hija tiene que hacer corte de su máquina, tenemos algo que conocemos como nuestro pequeño ritual, el cual consiste en ir a hacer corte, regresar con el dinero, sacar un bote y su cuaderno de notas. En el cuaderno se anota cuánto se obtuvo (venta total), cuánto se le dejó al tendero (comisión) y finalmente cuánto se invirtió en rellenar la máquina (costo de producción). Con la utilidad que obtuvimos, la dividimos en cuatro partes, la primera va dirigida al **ahorro de inversión (del 60% al 70%)**, lo cual será utilizado para comprar más máquinas y por ende hacer más grande el negocio; otra parte es destinada para un **ahorro personal**; otra parte es utilizada para **caridad** y finalmente el restante se lo gasta en lo que ella elija.

Con esta práctica, tus hijos generarán algunos de los hábitos más importantes: ahorro continuo, ahorro para reinversión, caridad, administración de un negocio.

Ya aprendiste a vender, ahora haz que algo o alguien lo haga por ti.

o ¿Cómo reforzar las creencias que le he inculcado a mis hijos?

Primeramente, no debes de tener tapujos ni reservas para hablar de dinero en casa, frente a tus hijos. Si ellos constantemente escuchan hablar de dinero, terminarán por acostumbrarse y se harán a la idea de que el dinero es algo común y cotidiano en la vida.

Ojo con las frases de las que hablamos anteriormente, "no puedo", "no me alcanza", "no tengo", "es muy caro", ya que todos estos pensamientos reflejan carencia y pobreza, y no es lo que estamos buscando inculcarles a nuestros pequeños.

Atiende los impulsos de tus hijos. Cuando te pidan algo, no les digas que no puedes pagarlo ni intentes regañarlos. Pregunta para qué lo quieren y posteriormente dales una razón por la cual no se los vas a comprar, ya sea que ya les compraste uno anteriormente y lo tienen guardado, que el material del que está hecho contamina a la tierra, etcétera. Busca una razón verdadera e incítalo a que si de verdad lo quiere, trabaje de manera inteligente para poder obtenerlo.

Que no te dé miedo. Acostumbra a tus hijos a hablar de dinero. Es algo total y absolutamente natural.

JUEGOS DE MESA

Los juegos de mesa que tienen que ver con dinero, acostumbran a tus hijos a hablar de negocios, de dinero, de ingresos, de inversiones y esto, poco a poco, se van volviendo habitual en su vida.

Un ejemplo de este tipo de juegos es *Monopoly* **para niños**, en el cual los niños se enseñan a acumular negocios y manejar dinero.

Desde niños se pueden acostumbrar a que tener negocios y múltiples fuentes de ingreso es algo normal.

¿Y SU "DOMINGO"?

Otro consejo rápido pero bastante importante es el siguiente: no les des "su domingo" a tus hijos, porque a final de cuentas ¿quién te regala dinero? Quizás alguna vez tu mamá o tu papá pero no es algo constante y habitual.

El dinero no se regala. Se genera partiendo de ideas, negocios, proyectos, emprendimientos que beneficien a más gente. A lo que voy con todo esto, es que tú mismo generas tu dinero desde tu mente. Entonces, si a ti nadie te regala dinero, ¿por qué acostumbrar a tus hijos a que cada domingo tendrá dinero gratis, sin haber hecho nada por ganárselo? Esto es, nada de valor agregado.

No le regales dinero. Enséñalo a ganarlo de manera creativa e inteligente.

DESPUÉS DE COMER LEER, DESPUÉS DE COMER LEER

Otro hábito que te recomiendo que les inculques a tus hijos, indudablemente es el de la lectura, ya que es algo que les servirá para toda la vida. A través de la lectura se aprenden infinidad de cosas, desde tener una buena redacción y ortografía, hasta conocer a fondo determinado tema. Al leer, tus hijos ampliarán sus horizontes.

Lee con tus hijos al menos 15 minutos diarios y no elijas un cuento pero tampoco un libro tan complejo.

Lo que hacemos para inculcar este hábito es un pequeño ritual todos los días después de comer. Simplemente nos levantamos de la mesa, la limpiamos y recogemos todo lo de la comida y cantamos la siguiente canción: "DESPUÉS DE

COMER LEER, DESPUÉS DE COMER LEER..." esto lo acompañamos de una marcha por toda la sala y comedor, es muy cómico ver a mi niña de dos años marchar y versar esta tonada aunque todavía no sepa leer. Pero esto no importa, lo importante es que están formando el hábito de leer todos los días.

Por cierto, al terminar la lectura, preguntamos que aprendieron para que quede clara la lección.

EL VALOR DE LA PALABRA

Hay otra pequeña estrategia que hago con mis niñas y me ha resultado bastante bien y que quiero compartir contigo por medio de un ejemplo:

En casa estamos acostumbrados a que mis hijas se bañan a las 6:00 de la tarde pero hay ciertas ocasiones en las que primero quieren cenar, jugar un rato o cualquier otra actividad y para esto me piden permiso. Lo que yo hago es pedirles que me vean a los ojos y me den su palabra de que cuando yo les diga que se ha terminado su tiempo para determinada actividad, me harán caso y se meterán a bañar. Esta promesa la cerramos con un apretón de manos diciendo "trato hecho jamás deshecho" (otro ritual).

La mayoría de las veces sucede así y hay otras pocas que no, pero se entiende que son niñas y a veces les gana el querer jugar. Sin embargo, en estas pocas ocasiones, me ofrecen una disculpa por haber faltado a su palabra y me dicen que me lo recompensarán de otra manera.

Este es un camino para que poco a poco tus hijos vayan adquiriendo aquel importante e indispensable hábito que es la responsabilidad.

o   La educación que tú no les das.

Normalmente, la mayoría de las personas creemos en la idea de que los hijos son educados en la escuela o por medio de la televisión, creencia que es total y absolutamente falsa. Si tú sigues creyendo que esto es verdadero, estás llevando a tus hijos a la boca del lobo y les estás dando el poder a otras personas que no tienen idea de cómo educar a tus pequeños sobre finanzas o la vida en general.

La solución a esto se encuentra en tomar el control porque la educación se da en casa, con los padres o tutores.

"La gente pobre busca ser entretenida, mientras la gente rica busca ser educada."

Con esto también te quiero decir que no les compres tecnología a tus hijos porque no necesitan una *tablet*, computadora, celular, videojuegos, etcétera. Al menos no en edades tempranas. Quizás en secundaria o más adelante, cuando su educación lo requiera, pero antes no.

Busca que tus hijos sean educados en temas de vida, que aprendan a relacionarse, a trabajar en equipo, a administrar sus pensamientos y emociones, que aprendan a valorar su tiempo, a administrar sus recursos. Todas estas cosas son de vital importancia y los tienes que guiar en este camino.

Para terminar con este capítulo de la educación para los hijos, recuerda que lo más importante es predicar con el ejemplo. Si tú no sabes hacer algo no tienes que mentir, es mejor ser sincero y atreverse a pedir ayuda. Con esto estarás fomentando otro valor, el de la humildad y colaboración.

Bonos adicionales.

Esta última sección del libro la quise reservar para complementar algunos temas en los que no profundicé mucho y sé que quedaron algunas lagunas.

- Sea el banco y no el banquero.

Esta simple y sencilla frase "sea el banco y no el banquero", la cual aparece en un libro de Robert Kiyosaki, la entendí hace mucho tiempo. Desafortunadamente no la supe ejecutar.

Lo que entendí en un principio fue que lo que debía hacer era acumular el dinero de la gente, ofrecerles alto rendimiento y, por medio de esto, yo ganar más. La primera vez que lo hice, no tenía sustento ni respaldo, por lo que simplemente empecé a acumular dinero de otras personas y a "apostar" esas inversiones. Cabe resaltar que, en un principio, me fue bastante bien, ya que ambas partes ganamos dinero. Sin embargo, en poco tiempo ese dinero se perdió, debido a que no existía un respaldo real, un sustento en el cual se pudieran basar las inversiones.

Quizás conozcas los esquemas de inversión en divisa extranjera *FOREX*, pues precisamente ahí fue en donde perdí mucho dinero. Lo peor es que era dinero de otras personas, lo cual en gran parte fue lo que me llevó a vivir el terror financiero del que te he platicado anteriormente.

A lo que voy con todo esto es que yo entendía perfectamente las cosas. Sin embargo, al llevarlas a cabo me equivoqué en cuanto al respaldo. Esto es algo que muchas personas temen, que al convertirse en un banco y no en ser banqueros, no sabrán la manera adecuada para regresar el dinero a las personas, o bien, cómo multiplicarlo, es por eso que no se arriesgan, porque no saben.

"Aprende a multiplicar el dinero de las personas y gana dinero tú."

El banquero aprende a manejar el dinero de otras personas pero no gana más de lo que es su sueldo. Por otro lado, el banco gana dinero partiendo de las inversiones de otras personas.

En mi experiencia más reciente, con mi incubadora de inversionistas en bienes raíces, permite que las inversiones de otras personas les den rendimientos desde un 12% hasta un 30% o más, dependiendo del esquema en el que estén. Con este rendimiento ¡claro que ganaré dinero!

La diferencia entre mi primer y última experiencia es la siguiente: la primera vez únicamente quería ganar dinero. Ahora quiero y busco ayudar a las personas a que ganen dinero. Si en el transcurso yo también gano dinero, es justo, ya que estoy ayudando a más personas.

Entonces, no tengas miedo de buscar opciones en donde la gente que te rodea pueda ganar dinero. No tengas miedo de buscar rendimientos altos, de convertirte en banco. Simplemente muévete y acciona de manera diferente.

- Cómo evitar deudas malas

Empezaré contándote una conversación que tuve con uno de mis alumnos del curso *"Aprendiendo a jugar el juego del dinero"*. Dicha persona me comentó que haría una inversión para su negocio, la cual consistía en comprar una camioneta y para esto la idea era pedir un crédito. Para que entendiera un poco mejor, me explicó que necesitaba la camioneta para poder transportar su equipo de fotografía de una locación a otra. En ese momento se encendió mi alarma, fue como si estuviera viendo a mi hija a punto de aventarse de la azotea diciéndome "mira, papá, yo sé volar".

Fue entonces que le dije a mi alumno que se detuviera, ya que tal vez esa inversión en lugar de ayudar, podría romper sus finanzas.

Quizá te ha pasado como a mi alumno que piensas que no está yendo del todo bien porque te falta algo. Tal vez una página web, mejorar tu carro, tener un celular nuevo, porque a final de cuentas es imagen y es algo de vital importancia. Entonces compras aquello que crees que te hace falta y terminas endeudado.

Probablemente el bien que acabas de adquirir te genere dinero. Sin embargo, si no te lo genera directamente lo que estás comprando es un pasivo, una deuda. Por ejemplo, un coche, al menos que lo rentes, no lo puedes considerar como activo, debido a que no te está produciendo dinero.

Si la deuda se pagará sola y en el momento, está bien, ya que se trata de una deuda inteligente, pero si por el contrario, tú te encargarás de pagar la deuda, estamos hablando de una deuda mala.

La trampa está en que tú conscientemente crees que aquel bien te va a servir para tu negocio y por eso lo compras, pero inconscientemente no estás seguro de si lo necesitas para tu negocio o simplemente para sentirte bien contigo mismo y buscas generar un triunfo para sentir que has mejorado y te vas superando.

Antes de invertir, piensa si realmente generarás dinero. Si no es el caso, te sugiero que busques invertir en ti, en saber cómo puedes convertir esa deuda en algo positivo.

- ¿Me conviene comprar un traspaso?

Para poder responder esta pregunta, primero es necesario analizar algunas variables. Primero que nada debes darte cuenta que si un negocio verdaderamente es negocio, es difícil que lo encuentres a un costo bajo.

Si nos vamos a la definición concreta de **negocio,** es que debe funcionar por sí solo. Si necesita de ti para operar correctamente, se denomina autoempleo.

Algunos ejemplos de negocios que funcionan sin que estés presente son los negocios automatizados, como lavadoras o auto lavados.

Tienes que tener claro que el nivel de automatización de un negocio, eleva el costo, ya que todo lo hacen las máquinas y no requiere que tú hagas algún esfuerzo.

Por lo tanto, si estás comprando un negocio barato, lo más probable es que no tenga sistema, es decir, no va a funcionar sin ti.

Otra cosa que tienes que tomar en cuenta es la siguiente: normalmente el dueño te dirá que factura o que le queda de utilidad determinada cantidad. Hazte a la idea de que la cantidad que te menciona probablemente la haya obtenido una sola vez. La única manera en la que puedes estar seguro de que lo que te están diciendo es lo que verdaderamente vas a obtener mes con mes, es teniendo los estados financieros en orden. De esta manera, tendrás la certeza de que es un negocio que de verdad funciona y así ya podrás hacer un cálculo del retorno de la inversión que vas a tener.

Si quieres calcular el retorno de la inversión, debes multiplicar el ingreso mensual, utilidad o flujo de efectivo (ingreso menos gastos) por doce, que son los meses del año. El resultado que arroja la multiplicación es el ingreso anual, el cual tienes que dividir entre la inversión inicial que realizaste. Así obtienes el retorno de la inversión y te das cuenta de si es un negocio en el cual vale la pena invertir.

Ojo: un retorno de la inversión que se encuentre por encima del 60% puede considerarse bastante bueno.

De hecho, por regla general, debes buscar algo arriba del 35% para que sea un negocio rentable.

Te recomiendo que antes de cualquier cosa, realices un análisis del negocio en el que estás interesado. Observa cuántos clientes entran, cuánto compran aproximadamente y en qué etapa del día se vende más y en cual menos, ya que si decides quedarte con el negocio, es en donde tendrás que enfocarte para levantar las ventas.

Lo último que tienes que tomar en cuenta para tomar la decisión final es tu intuición. A veces analizamos mucho las cosas y con base en el miedo decimos que no, pero de verdad te recomiendo que le hagas caso a tu intuición. Tienes dos caminos para escoger: realizar un análisis exhaustivo costo-beneficio, de más de un negocio y elijas el mejor con base en los números.

El siguiente camino es el de la intuición y esto no quiere decir que no hagas un análisis pero tienes que asegurarte de que lo que te están vendiendo realmente vale lo que te están cobrando.

Si la cantidad que estás por invertir, es algo que puedes pagar y no hay riesgo de endeudarte, hazlo: arriésgate. Lo importante de todo es empezar en el mundo de los negocios. Con el paso del tiempo y la experiencia irás adquiriendo nuevos y mejores negocios.

- Retorno de la inversión (ROI).

Se calcula con base en la inversión inicial. El dinero que recibes mes con mes, lo anualizas. Es decir, si el activo que iniciarás te generará 100 dólares mensuales, lo multiplicas por 12, entonces al final del año serán 1,200 dólares. Posteriormente, esos 1,200 dólares, lo dividirás en la cantidad de dinero que invertiste, supongamos que precisamente tu inversión fue de 1,200 dólares. 1,200 entre 1,200, te da uno, lo multiplicarás por 100 y, por ende, tu retorno de inversión es del 100%.

Ya sabes cómo calcular tu ROI. Ahora te contaré para qué te sirve.

Las inversiones de riesgo, es decir, en donde puedes perder tu dinero, son las que usualmente te dejan un retorno de inversión alto. Las inversiones de bajo riesgo obviamente tienen un retorno de inversión más moderado. Por ejemplo, si tienes tu dinero en el banco, el retorno de tu inversión, o bien, rendimiento, está alrededor del 3 y 4% anual y esto no cubrirá la inflación.

Es por eso que insisto tanto en que ahorres de menos el 10% de tus ganancias. ¿En dónde lo guardarás? Simple y sencillamente en un instrumento que, a su vez, te genere lo de la inflación y si encuentras algo arriba, muchísimo mejor.

Bien, lo primero para lo que te sirve el retorno de la inversión, es para proteger tu dinero de la inflación. También te sirve para saber si una inversión de riesgo es rentable, que como vimos anteriormente, que es en donde puedes perder tu dinero. Ejemplos de esto son franquicias, inversiones en la bolsa, nuevos emprendimientos, negocios automatizados, etcétera. Así que encuentra algo que te dé el doble o el triple de la inversión más segura garantizada. Con mi equipo del éxito financiero de bienes raíces damos el 12% anual de forma totalmente segura.

Te comento: yo tengo un negocio tradicional de videojuegos. El año pasado me generó un retorno de inversión del 34%, lo cual quiere decir que en tres años, recuperaré mi inversión inicial.

En resumen, busca proteger tu ahorro al menos con la inflación, incluso el doble.

Para una inversión de riesgo, busca el 24 o el 36% de retorno de inversión.

Comienza a analizar tus decisiones financieras con base en números, es más probable que te vaya bien, a que, contrariamente lo dejes a la suerte y "a ver qué pasa". Esto ya no funciona así. Esta falta de análisis es una de las razones por las cuales el 95% de las personas fracasan al iniciar un negocio. No seas un emprendedor novato y analiza los números antes de arriesgarte.

- Consejos de expertos

"Casi todos los empresarios famosos dedicados a bienes raíces empiezan desde cero, ya que este ámbito tiene varios esquemas para que puedas empezar sin dinero. El problema es que la mayoría de las personas sigue creyendo que para iniciar en esto, necesitas una gran fortuna. Sin embargo, esto es falso. Poco a poco te vas capitalizando"

\- Mario Esquivel, experto en bienes raíces y fundador de la Incubadora de Inversionistas en Bienes Raíces

"Los primeros objetivos en bienes raíces son cerrar negocios. Los obstáculos a vencer son los conocimientos. Como en todo, tienes que aprender a dominar el tema y llevar a cabo todo lo que aprendas."

- Mario Esquivel, experto en bienes raíces y fundador de la Incubadora de Inversionistas en Bienes Raíces

"Cualquier negocio relacionado con bienes raíces te puede dejar el 30% de rendimiento, ya sea una remodelación, un manejo de compradores, un arrendamiento cubierto, un adjudicado, un construye y vende sin comprar, cualquiera de éstos, siempre y cuando los sepas aplicar."

- Mario Esquivel, experto en bienes raíces y fundador de la Incubadora de Inversionistas en Bienes Raíces

"El modelo de negocios que mejor te puede funcionar, depende de tus necesidades y objetivos que desees cumplir. Normalmente aconsejo generar un plan financiero para saber qué herramientas necesitas. Vence tus miedos, haz tu plan financiero y comienza a actuar."

— Enrique Márquez., estratega financiero experto en patrimonio millonario

"En los últimos ocho años hemos encontrado un modelo de negocios en el cual podemos conseguir un retiro millonario en cinco años, en donde, sin dejar tus actividades normales, podemos idear un plan para alcanzar tu libertad financiera sin depender de una empresa que te dé algún tipo de pensión."

- Ing. Arturo Hernández, experto en retiro millonario con Bienes Raíces y socio fundador de la Incubadora de Inversionistas en Bienes Raíces.

"Creo que todos como empresarios, buscamos generar utilidades. El dinero debe ser visto como una consecuencia lógica de un trabajo bien hecho"

- Ricardo Guizar, dueño fundador de Quality Inmobiliaria, franquicia mexicana.

"La felicidad no es lo que tienes, sino lo que sientes. Como seres humanos debemos entender que hay otras cosas mucho más importantes que los bienes materiales, tal como lo es el desarrollo y el crecimiento personal."

- Ricardo Guizar, dueño fundador de Quality Inmobiliaria, franquicia mexicana.

"La sociedad de consumo en la que nos encontramos nos hace creer que los bienes materiales te darán felicidad. Sin embargo, únicamente nos dan placer."

- Ricardo Guizar, dueño fundador de Quality Inmobiliaria, franquicia mexicana.

QUÉ ME MOTIVA

Finalmente, ya que te compartí un poco de empresarios importantes en bienes raíces y finanzas, quiero compartir contigo una pequeña reflexión.

Hace poco un muy buen amigo me preguntó qué es lo que me motiva a levantarme día con día y pensé en muchas posibles respuestas. Por mi mente pasaron mis hijas, mi esposa, mi familia, yo mismo, la felicidad, las ganas de trascender, el mundo en sí, el ayudar a los demás, el hecho de buscar un cambio... pensé infinidad de cosas como las que te digo, que son meramente cierta. Sin embargo, le contesté a mi amigo que no sabía.

No sé qué es lo que me motiva, no sé qué es lo que me mueve (figuradamente). Únicamente tengo la seguridad de que sea lo que sea, me mueve. Muchas veces pensamos tratando de encontrar una respuesta y en ocasiones eso es lo que nos detiene, ya que cuando razonamos algo demasiado, es cuando te empiezas a detener porque la mente te ataca con supuestos y cono obstáculos. Es por eso que lo mejor es hacer lo que sentimos y lo que nos dice el corazón.

De corazón te digo, atrévete a vivir en libertad, ya estás listo(a).

www.ingramcontent.com/pod-product-compliance
Lightning Source LLC
Chambersburg PA
CBHW070325190526
45169CB00005B/1753